近代农民战争再研究丛书

牛贯杰　主编

The Nien Rebellion

捻军起义

蒋相泽　著　李慧敏　译

河南人民出版社

图书在版编目(CIP)数据

捻军起义 / 蒋相泽著; 李慧敏译. —郑州 : 河南人民出版社, 2022. 12
(近代农民战争再研究丛书/牛贯杰主编)
ISBN 978-7-215-13097-5

Ⅰ. ①捻… Ⅱ. ①蒋… ②李… Ⅲ. ①捻军-研究 Ⅳ. ①K254.410.7

中国版本图书馆 CIP 数据核字(2022)第 068389 号

河南人民出版社 出版发行
(地址:郑州市郑东新区祥盛街 27 号 邮政编码:450016 电话:65788077)
新华书店经销 河南金之汇信息技术有限公司印刷
开本 890 毫米×1240 毫米 1/32 印张 7.375
字数 178 千字
2022 年 12 月第 1 版 2022 年 12 月第 1 次印刷

定价:52.00 元

本书为华盛顿大学远东与俄罗斯研究所近代中国历史项目组之成果。该项目组成员来自社会科学学科与人文学科的各个领域，其工作通过成员间的互助展开，包括进行批判性的讨论、贡献想法及资料互助。作者对其研究负全部责任。

中文版序

沧海遗珠

——蒋相泽先生和他的《捻军起义》

蒋相泽先生的《捻军起义》一书,经由李慧敏博士翻译,中文译本终于与读者见面了。这部著作的英文版于1954年由美国华盛顿大学出版社出版,是蒋相泽先生的博士论文。在蒋相泽先生攻读博士学位的华盛顿大学远东与俄罗斯研究所(The Far Eastern and Russian Institute),二战后所长戴德华(George Taylor)将一批有影响力的外籍中国研究专家招募至麾下,如德裔的魏特夫(Wittfogel)、梅谷(Franz Michael),华裔的萧公权、瞿同祖等人,使该研究所成为中国研究的美国学术重镇之一。20世纪50年代,研究所出版了不少重要的中国研究著作,其中就包括蒋相泽先生的《捻军起义》。

几乎与这部英文著作问世同时,国内对捻军起义的史料搜集和学术研究工作开始形成气候,1953年神州国光社出版了182万字的《中国近代史资料丛刊·捻军》。蒋相泽先生的《捻军起义》一书,不仅仅具有捻军研究起点的学术价值,其论题、结论,以及对《剿平捻匪方略》《山东军兴纪略》等文献信手拈来的采择使用和严密绵长的解释分析,都具有史学研究的示范意义。

正如作者所言,“我深切感到,客观史实是可以认识的,把大量史料一摆,面前就会出现一幅图景,这幅图景不论是模糊的还是比较清晰的,都不是从我脑子迸出来的;经过钻研,对史实的认识是可以逐步接近真实的,可以逐步深化的。当然,这种钻研必定是在某种观点的指导下进行的,但如果不是有意捏造,观点是生不出史实来的。至于各个史学家或各个时代的史学家对同一史实有不同的论述,那是因为他们对史实的认识有正误之别或深浅之分,而不是因为他们可以随意制造历史。假如历史可以臆造,史学就变成多余的了。史实是可以认识的,但到达正确的认识,又不能一蹴而就,必须下苦功。得到正确的认识,也就是在史学上作出了贡献。这是我在留学时期的一些体会。”[①]《捻军起义》一书,呈现了蒋相泽先生对史学研究的认识。这种开放的历史意识,历久弥新,不会过时,相信读者在阅读这本书时会产生共鸣。新的时代,我们需要加强对近代农民战争史的研究。这部著作在英文版出版近 70 年后与中文读者见面,势必会启发和推动这一领域的研究。

关于作者

蒋相泽(1916—2006 年),贵州安龙县北乡人。[②] 根据他的自述,当时安龙县的教育非常落后,只有一所小学,通常一年级学生的入学年龄在 10 岁以上。他 6 岁入学,白天上课,“晚上还须到

① 《蒋相泽自述》,载国务院学位委员会办公室编《中国社会科学家自述》,上海教育出版社,1997,第 797 页。

② 安龙县教育志编纂领导小组:《安龙县教育志》,贵州教育出版社,1993,第 244 页。

私塾去读古书”。后来跋涉数千里到外省上中学、大学。[①]1940年，他毕业于成都金陵大学。1941 年他考上清华大学研究院历史系的研究生。[②] 蒋相泽在清华研究院的学术方向为清史。当时在昆明西南联大任教的郑天挺在日记中详述了蒋相泽毕业论文的选题过程。1945 年 3 月 10 日，下午“四时蒋相泽来，清华研究生也，原从心恒[③]作贵州苗乱及改土归流论文，今日请改作雍正对政治制度之改革，请余指。余在班上讲雍正时代之重要屡矣，意欲北大学生中有人注意之，竟无人，去年何炳棣来谈，余述及此，炳棣甚兴奋，而以考取留美治西洋史，不能兼顾，再三向余言必须有人切实注意之，炳棣与鹏毓[④]相稔，以为或劝其作之，亦未然，今相泽来请，允之。又关于包衣制亦一好题目，余在历史系晚会尝发其端绪，今日相泽亦请作。”[⑤]蒋相泽后来选择前者，以《清初内阁考》为题在 1946 年完成了硕士论文。[⑥] 蒋相泽对清代内阁的研究为随后在美的捻军研究打下扎实的史料运用基础。他对剿捻过程之中的中央军、地方军、勇营、团练等各方力量的协作与抵牾的分析入木三分，对于混乱的清军马队派驻、布防状况心中有数，这无一不与对清代官制和兵制的熟练掌握紧密相关。

1946 年毕业后，蒋相泽短暂任教于贵州大学，后转入南开大学历史系任教。1946 年 7 月，蒋相泽参加了国民政府举行的第二届自费留学生考试。当时报考者有 3817 人，录取自费留学生

---

① 《蒋相泽自述》，《中国社会科学家自述》，第 797 页。

② 清华大学校史研究室编《清华大学史料选编》，第三卷，上册，“抗日战争时期的清华大学”（1937—1946），清华大学出版社，1994，第 97 页。

③ 邵循正先生，字心恒。

④ 何鹏毓，北大学生，郑天挺先生的助手，专治明史。

⑤ 郑天挺：《郑天挺西南联大日记》，下册，中华书局，2018，第 1006 页。

⑥ 张恩敬主编《国立西南联合大学史料》，（3），“教学科研卷”，云南教育出版社，1998，第 471 页。

1216 人。加上公费考试落选、成绩符合自费标准者 718 人，最终实际录取 1934 人。由教育部发给证书者 1163 人，其中赴美留学者 1018 人。这批留学生中，攻读历史的有丁则民、蒋相泽、李道揆、施子瑜等人。[①] 有趣的是，他离开南开大学赴美求学时，校长张伯苓先生竟亲自关心他的购票事宜。据《张伯苓私档全宗》记载，1947 年 7 月 1 日，张伯苓给国营招商局天津分局致函，"本校教员蒋相泽因暑假携眷赴沪，相应函请贵局准予优先购买船票，以便启行。"[②]

从 1946 年到 1951 年初，蒋相泽在华盛顿大学度过了 5 年的求学生涯，顺利取得博士学位。早在取得学位半年前，华盛顿大学远东学院以较高的薪水聘请他做研究人员。当时抗美援朝战争已经爆发，美国麦卡锡主义盛行，移民局颁布法令禁止中国留学生出境，违者将罚款 5000 美元或判处 5 年以上监禁。但蒋相泽看到"我志愿军一出动就把美军赶过三八线，一百多年来中国人民第一次把帝国主义打得如此惨败，在此扬眉吐气之时，我回国的决心更加坚定"。他冲破美国政府的阻挠，登上了回国的轮船。[③] 当时，陈序经任岭南大学校长，求贤若渴，将蒋相泽聘到岭南大学任教。[④] 岭南大学后并入中山大学，蒋相泽在中山大学历史系任教，直至退休。在中山大学任教期间，蒋相泽的研究方向改为世界史，先后为本科生开设"西洋通史"，为研究生开设"现代国际关系史"等课程。梁方仲、刘节等先生在日记中对他的上

---

① 冯承柏：《中华文化通志 · 中国与北美文化交流志》，上海人民出版社，1998，第 113 页。

② 梁吉生、张兰普编《张伯苓私档全宗》，下卷，中国档案出版社，2009，第 1278 页。

③ 《蒋相泽自述》，《中国社会科学家自述》，第 798 页。

④ 陈其津：《我的父亲陈序经》，南开大学出版社，第 140 页。

课、治学情况多有记载。[①] 他主编的两卷本近百万字的《世界通史参考资料选辑 · 近代部分》,成为风行一时的世界史教学参考书。20 世纪 80 年代,蒋相泽先生两次受邀赴美讲学,再度与隔绝 30 多年的美国学界进行交流。1988 年,芝加哥大学出版社出版了他的英文新著《美国与中国》(*The United States and China*)。此书作为"从外国人观点看美国对外关系"丛书中之一种,是中美建交后第一部用中国学者观点撰写的中美关系论著。因此,该书甫一出版,立即引起美国学者的关注,书评屡见报端。[②] 暮年的蒋相泽先生为中美学术平等交流的正常化写下了浓墨重彩的一笔。

关于《捻军起义》

《捻军起义》一书源于蒋相泽在华盛顿大学的博士论文《捻军的组织及其与清廷之间的斗争(1851—1868 年)》[③]。该书于 1954 年出版,英文版序言指出,"由于蒋相泽先生已经返回中国故里,重新修订已无可能",只能将博士论文原样出版。序言是当时在远东与俄罗斯研究所的中国史在读博士隆德(Renville Lund)所作。隆德后来在美国穆伦堡学院(Muhlenberg College)任东亚史教授,1998 年去世。这部书出版后,美国、欧洲、日本学

---

① 梁方仲著、梁承邺等整理《梁方仲遗稿 · 案头日历记事》,广东人民出版社,2019,第 2、3 等页。刘节:《刘节日记》(1939—1977),上册,大象出版社,2009,第 321、324、326 等页。

② 吴机鹏:《一部中国人写的英文版"中美关系史"新著——〈美国与中国〉简介》,《中山大学学报》,1989 年第 3 期,第 81 页。

③ 论文英文题目为"The Organization of the Nien Rebellion and the Struggle between the Nien and the Loyalists(1851 – 1868)"。

界先后有 60 余篇书评予以评点介绍，但中文读者知之甚少，甚至存在误解。[①]

如前所述，蒋相泽先生的这部著作，并未利用当时国内学界整理的捻军史料，官方或半官方的材料是该书的主要文献来源。这些材料出自捻军的敌对阵营，因此作者使用它们“并不是一件令人愉快的事”。然而，这种对作者来说“只有通过细读字里行间的内容，并结合其他类似来源的资料细细爬梳，才能间接得到关于捻军组织的一些线索”的艰难处境，对其他研究者和读者来说，却是一种享受，能够体会作者的精微考证与缜密分析，欣赏史学家探究历史过程及其背后成因的魅力。

该书分为三个部分。

第一部分是对捻军组织的研究。作者将捻军起义置于整个清代历史发展的脉络当中，即使姑且不论西方入侵因素，清中期的统治衰落也是不争的事实。作者指出，白莲教起义后清政府没有出现任何复兴迹象，捻军起义是 19 世纪中期晚清大起义的有机组成部分。捻军和同时代其他起义者共享了某些构建权力的方式，将地方武装组织成更大的区域性团体。作者的讨论基点在于统治权问题。随着清政权统治力量的衰弱，起义者开始争夺地方的统治权。作者的研究视角与清朝盛衰的发展周期紧密相关，这与后来美国学者裴宜理更注重捻军与现代中国革命者关系的研究视角形成了鲜明对照。作者认为，捻军起源于秘密社会，“且是一个起源于具有煽动性的白莲教的秘密社会”，因此“劫富济贫可能并不是他们的最终目的，这只是他们诱导更多人加入其组织的手段。”这一认识为捻军在起义准备阶段的行动赋予了意

① 如有学者误以为“蒋先生在西雅图华盛顿大学的博士学位论文是关于义和团研究的”。曹旅宁：《国史探微》，暨南大学出版社，2016，第 199 页。

义,同时也解释了捻军在起义前夕的一系列活动的意义。以此为基础,作者认为早期捻军组织有三个特征:第一是地理上的分散,第二是众多捻军力量之间彼此独立,第三是规模富有弹性。捻军组织旋聚旋散,其本质是一支地方武装。当时结合文献与捻军史调查的国内学者与其存在观点上的分歧。如张珊认为,早期捻军来源多元,称之为匪是封建统治者的污蔑,捻军在思想和组织上是"以宗族亲戚关系结合起来的,也是在道义基础上结合起来的,组织众多的"。他认为捻军的前期组织和后来发展是一脉相承的,是清政府统治腐败,人民"穷而无告",不得不自发团结起来造成的。[①] 装旗制度是捻军起义后重要的组织方式。蒋相泽引入社区和共同体概念,对捻军圩寨的观察是全书的亮点之一。作者认为,圩寨为捻军提供了整合与巩固其控制区域的主要方式,并细致缜密地考察了圩寨内部的权力结构和运作方式。直至20世纪90年代,国内学界才对圩寨、团练等内容予以充分关注。该书无疑是最早从社会史角度研究农民战争的著作。遗憾的是,学界并未注意到该书。在捻军的成员方面,作者还讨论了除农民之外的士绅、勇营中的逃兵与弃兵以及私盐贩子等在起义中所扮演的角色。

第二部分是捻军与清军的斗争。作者通过对《剿平捻匪方略》《山东军兴纪略》《豫军纪略》以及数省方志等大量史料的细致爬梳,清晰描绘了复杂多变的捻军起义的宏伟画卷。作者以清军史料为主线,分析论述了捻军起义十余年间多地区、多军种的剿抚、和战瞬息万变的复杂局面。这一部分内容分为五章,分别是曾国藩剿捻之前清军在军事和政治两条前线的失败,地方势力

---

① 张珊:《捻军史研究》,文化艺术出版社,1994,第38—43页。

的角逐,曾国藩的策略以及对东、西捻军的镇压。这部分论述最充分地体现出作者深厚的史学功力与学术智慧,读者在“轻松”的阅读过程中自能体会。

第三部分为全书结语。作者回到农民战争的本质问题,强调人民的支持构成了捻军真正的堡垒。清军镇压捻军的过程,从根本上讲,是重新赢得农民支持的过程。曾国藩、李鸿章最终取得剿捻战争的胜利,正是因为他们认识到淮民并非天生从乱,同时也没有低估他们的活力与战斗精神,在捻军统治中心动员百姓来动摇捻军的根基,积极推行“清查圩寨”工作,成功将捻军与其支持者分离。1865 年后,淮军持续从淮北农民及投降的捻军中招募人员,在对捻作战的最后阶段,淮北新丁的人数大大增加。这是捻军起义失败的原因。作者也指出,曾国藩、李鸿章剿捻的胜利,本质上讲仍是地方势力的胜利,一支地方势力对另一支地方势力的胜利是无法消除起义根源的。他们取得人民支持只不过是军事上的权宜之计,不可能从根本上解决农民起义问题。

以上是对《捻军起义》一书作者和内容的简要介绍。令人扼腕的是,在该书中文版付梓之际,蒋相泽先生已经仙逝,无法亲见此书。在此向蒋先生及其家人表示最大的敬意。蒋先生后来离开清史园地,转而从事世界史的教学与研究,翻译了不少西文作品。他尤其强调翻译工作的重要性,指出“翻译之事,三分外文,七分中文,三分语文,七分专业”。[①] 中国人民大学李慧敏博士以此为镜,为此书的翻译付出不少辛劳,阅读大量相关书籍,逐一核对史料原文。同时感谢河南人民出版社副总编辑杨光、编辑徐昊等出版人慧眼识珠,使这部尘封已久的经典研究著作呈现在中文

① 参见桑兵:《悼袁广泉君》,《澎湃新闻》2020 年 5 月 26 日。

读者面前。

作为“近代农民战争再研究丛书”之一种，希望该书的出版能进一步推进相关领域的研究。

是为序。

牛贯杰

于北京麦钟桥

2022 年 7 月 18 日

英文版序

《捻军起义》是蒋相泽先生于1951年在华盛顿大学撰写完成的博士论文。该书被公认为在理解19世纪中国发生的变化上具有宝贵的价值。该书原计划于修订后出版，以满足对此内容感兴趣的普通学生及研究19世纪中国问题的相关专家。然而，由于蒋相泽先生已经返回中国故里，重新修订已无可能，如今便将他的研究以原汁原味的论文的形式呈现出来。为了方便更多普通学生对其进行利用，这里似乎有必要先简短地作一序言，希望能帮助广大读者走近捻军大戏上演的舞台。

19世纪的中国处于一个衰落的时期。中央政府日益软弱与腐败，整个行政机构的运作效率也日益下降。士绅和官吏，这些同属于上层特权阶级的群体对农民的剥削不断增加，农民的经济负担已经到了几乎无法承受的地步。与此同时，中国爆发了一系列的自然灾害，而这些灾害在很大程度上是行政上的玩忽职守所导致的。中国政府的一项重要职能是维护水利设施，它们对灌溉、防洪以及交通运输都至关重要。然而，在19世纪中叶，这些水利设施并没有得到充分的维护。洪水冲垮了河堤、冲毁了庄稼，并迫使百姓离开了周边的土地。政府的粮仓及其他救济措施未能减轻洪水过后所带来的饥荒。成群结队的流民在乡村的广大地区肆意游荡，在抢劫、绑架与勒索中谋取利益，他们吸引了许多被迫离开自己土地的农民加入其行列。这些反叛者之所以能够扩大他们的力量并扩展其活动范围，是因为政府的治安体系已经虚弱到无力对其加以约束的地步。

由于无法从官府获得保护，地方社区（local communities）被迫将地方防御的职能掌握在自己手中，其结果便是团练的出现。这些团练由当地的领袖组织与领导，并因其为社区建立防御而得到百姓的拥护。当政府机器停止运作时，这些地方团练承担了当地衙役的职责。为了获取得以维持团练的资金，团练首领们开始向社区百姓征税，就这样，行政管理权与军事控制权从官员的手中转移到了地方练总的手中。

这种对地方权力的侵蚀给中央政府带来一定的麻烦，且严重损害中央的税收收入，但其本身并没有对王朝的存在构成真正的威胁。团练在 19 世纪的中国并不是一个新鲜事物，纵观整个朝代，这些地方团练都在不同程度上存在着，并被政府用作对正规军的补充。然而，1800 年以后，特别是鸦片战争之后，团练成为越来越独立的个体，为了得到他们政治上的支持，政府常常被迫与其讨价还价。除了需要处理如何利用及控制当地团练的问题外，政府还被迫在有多个地方团练争夺当地控制权的情况下做出支持或制裁某个团练的决定。

当用来"防御"的团练开始合并，并且由地方团体发展成为覆盖更广泛区域的地方性组织后，问题便进一步加剧了。这类地方势力对中央当局构成了真正的威胁。这种扩张是当时混乱形势下一种合乎逻辑的发展——随着无秩序状态的加剧，防御的问题以及当地练总的野心已经不再能够被限制在其家乡社区（home community）当中，为了掌控社区而进行的斗争促使竞争者们在自己的社区之外寻求其他力量的支援。这种扩张的成功与否不仅取决于当地练总的个人野心大小,还取决于是否有更高层次的组织和更广泛的财政基础。当地方练总的领导能力与中国社会中广泛存在的组织性元素(organizational elements)相结合时,这些团练便极有可能发展成为地方性组织。有两类特殊的群体在提供能够广泛传播的组织架构时格外具有优势,它们分别是士绅阶层与秘密社会。这两类群体代表着不同的利益,反映了其成员在社会结构中的不同地位。士绅的利益虽然并不总是与中央政府的利益相一致,但士绅更倾向于维护既有政权,因为它保障着他们的特权地位。而秘密社会,虽然有时也包括士绅,但其成员主要来自平民。他们的目标不仅是抵制官员滥用权力,而且旨在推翻现有政府并建立自己的政权。然而,当地武装力量(local force)与地方势力(regional force)并没有明确的政治阵营,部分原因是它们的成员及领袖来自多样的社会阶层,还有部分原因是野心勃勃的领导者们主要关心的是提升自己的地位。

政府无力阻止诸如此类的当地武装力量与地方势力的形成,同时在它们出现后也无力将其摧毁。因此,政府只能寄希望于通过各种方式来利用这些势力,以防止其中任何一支实现权力的集中,得到足以推翻王朝的力量。那些公然反抗朝廷的地方势力对王朝的生存构成了最直接的威胁,在与这些地方势力的对抗中,中央政府愿意同任何有助于斗争的力量结盟。结盟的对象通常是由士绅阶层组建的地方军队。然而,为了获得这些由士绅掌控的军队的支持,政府不得不接受他们实质上的自治地位,并在官场中给予其领导者更高的官衔。这一过程虽然消除了那些公开反抗朝廷的力量,但它并没能恢复中央政府对地方权力的垄断。

作为该书研究的主题,捻军起义遵循了 19 世纪中央与地方势力间斗争的普遍模式。捻军最初是以社区自卫团体以及地方流民的形式出现的,他们利用了当时普遍存在的贫困与混乱的状况。到了 19 世纪 50 年代,他们发展成为地方力量之一,公然起义来反抗中央政府的统治。捻军力量的增强与目标的提升一方面得益于其与秘密社会的联系,另一方面是在宗族族长及低级士绅的加入下推动的。在得到淮军及其他地方势力的协助前,政府清军在与捻军的较量中一败涂地。因此,虽然捻军在 1867—1868 年的最终失败消除了其对既有政权的直接威胁,但同时也进一步巩固了既有政权体系内的地方力量。

当地武装力量在更广泛的区域层面上的结合与组织的过程,以及政府在处理这些地方势力上作出的努力是一个复杂的问题,它不仅涉及军事因素,而且涉及经济、政治、社会与意识形态等因素。这本关于捻军起义的研究著作分析了地方权力与中央权力斗争的其中一个阶段,有助于我们厘清整个斗争中所涉及的问题。

蒋相泽先生将他对捻军起义的研究分为两个主要部分:第一部分论述了捻军这支公开反抗清政府的地方势力的出现,第二部分论述了清政府为应对捻军所采取的措施。在这两部分内容之前,作者在前言中勾勒了 19 世纪 50 年代淮北地区普遍存在的饥荒、动乱以及官员腐败的状况。

在第一部分的第一章,蒋相泽先生追溯了捻军与著名的白莲教之间的联系。正是与秘密社会的关联赋予了捻军精神层面上的“民族意识”,以及一个比单纯劫掠更伟大的目标(指推翻清政权)。这项“更伟大的事业”促使众多捻股联合起来,并于 1853 年举起起义的大旗。相比 1853 年前松散的、灵活的、本质上相互独立的捻股,捻军在起义进程中需要一个更加严密的组织。第二章讨论了新成立的捻军组织中的军事部分，第三章则探讨了捻军的控制区域及经济方面的问题。在管理及巩固其控制区域时，捻军充分利用了当地的两个元素：地方团练与圩寨社区（earthwall community）。关于地方团练的本质，我们在前面已经进行了简短的讨论。在这里，有必要提醒普通读者注意的是，所谓的圩寨社区指的是由砖土墙包围起来的村庄，它不仅可以起到抵御外敌袭击的作用，还可以将村中所有的粮草都贮存在有人值守的防卫圈中，只给前来劫掠的人留下一无所有的土地。当然，这种筑寨防御的做法并不是什么新鲜事，但是，作为政府应对太平天国入侵安徽省的一项措施，它在清廷的推动下于安徽省得到了特别的发展。当这些圩寨社区被捻军控制后，它们就成为捻军防御策略的基础，同时，它们也构成了分散的捻军组织中的基本单位。赢得当地练总的效忠即可确保对圩寨社区的控制，但是要保有这种控制则需要农民的支持。为了赢得农民的支持，捻军帮助百姓反抗官吏，并为其提供粮食以减轻饥荒带来的痛苦。这些粮食的供应来自捻军对邻近的富裕地区及对政府补给的打劫。

第四章分析了捻军组织的成员，尤其是其首领。总的来说，捻军的首领来自大的宗族及士绅。士绅们尤其贡献了他们在组织及策划方面的经验。捻军的第三个主要组成部分是农民，他们提供了大量的人力。

在捻军体系中，“打劫”是一项必要的行动，捻军作战部队及家乡社区的维系都部分依赖于此。因此，捻军很自然地会加强他们的骑兵。第五章讨论了捻军马匹的来源，第六章则讨论了捻军在进攻战术中如何使用骑兵。[①] 第六章还研究了圩寨是如何成

① 捻军的机动性是罗尔纲在《捻军的运动战》中重点研究的一个问题，蒋相泽先生在撰写此书时尚无该方面的研究。

为捻军防御策略的基础的,且强调了捻军的双重性质——既具有军事单位的属性,又具有农业单位的属性。

该书的第二部分是关于清政府在摧毁捻军的起义力量方面所做的努力以及其最终的成功。支持清政府的武装力量既包括政府军队,也包括地方势力。第二部分的前两章讨论了1865年之前清政府为使捻军占领区重归中央控制而采取的毫无结果的军事与政治政策。清军在军事战线上的失败体现了这些正规军普遍的腐朽与无能,也反映出清政府对捻军力量的本质及来源缺乏了解。捻军的力量表现在圩寨的防御力以及骑兵的机动攻击力上,而这些力量背后的基础是农民的支持。即使清军成功地将捻军赶出了"巢穴",他们也无法赢得这些地区人民的拥护。在捻军尚未控制的地区,政府为争取地方支持而做的努力也几乎都失败了。第三章讨论了政府和捻军斗争的最后一个方面,在这一章中,蒋相泽先生探讨了"抚议政策",该政策的采用是为了将地方的起义领袖争取到政府一方。作者向我们展示了当清军在前线进攻捻军时,此政策是如何给其后方带来被攻击的危险的。此外,这项政策还加剧了帝国势力与有能力协助维系帝国的地方势力之间本就存在的猜忌与对抗。

1865年,曾国藩被任命为钦差大臣,同时,由曾国藩组建的地方军淮军介入与捻军的对抗*,这标志着捻军问题进入一个新的阶段,这个阶段以1867年及1868年捻军起义被最终镇压而告终。第二部分的第四章和第五章讨论了捻军故事的终曲。在这里,蒋相泽先生强调了曾国藩所采用的政策的重要性,包括将捻军的"老巢"转化为支持政府的力量,利用圩寨来阻止捻军返回

---

* 蒋相泽先生将曾国藩视为淮军的创建者。说明:本书中标"*"处皆为译注。

故土，以及将忠于政府的百姓纳入淮军。对捻军的镇压在很大程度上是由淮军来完成的。然而，由于淮军也是一支地方势力，因此，它的胜利并不代表着衰落王朝的复兴。此外，这一胜利并没有解决导致起义爆发的根本问题，随后的起义很快就证实了这一点。

对于那些之前对捻军起义没有了解的普通读者来说，一个对主要事件的简要编年史或许是有价值的。

1852—1853 年冬，部分捻首在位于河南、安徽、江苏三省交界处的雉河集聚集。在这里，他们举行了祭旗仪式，并宣布张乐行为其首领。这一行动标志着捻军起义的开端。在此之前，捻军的“劫掠”行为与中国各地从事一般盗抢活动的其他群体并无显著差异。

1853 年，捻军在雉河集的集结引起了官府的注意，次年，颍州知府率手下军队驱散了捻军。之后，张乐行与部分捻首向协助组织安徽地方团练的周天爵投降，张乐行被赦免且在团练中被授予了职务。然而，这次失败以及他们新选出的领导人的投降并没有严重阻碍捻军其他首领的行动，他们仍继续加强其在当地的地位并扩大他们的兵力。1855 年年初，在其所率领的地方团练解散后，张乐行回到雉河集并重新开始参与捻军活动。张乐行的回归促进了捻军组织的发展。1856 年，捻军首领们建立起一个系统的军事组织，并于同年授予张乐行“盟主”的称号。此时军事组织与领导层面的发展有助于捻军在之后几年的扩张。捻军加强了对邻近地区的攻势，他们还与安徽的太平天国合作，帮助太平军夺取六安，并占领了淮河沿岸的一系列城市。更重要的是，张乐行成功地在淮北地区建立起一个紧密连接在一起的区域，在这个区域内，捻军致力于赢取人民支持以及对当地团练组织的控制权。到了1859年,浍河与沙河之间已经形成了一个坚固的防御核心。当张乐行的势力在淮北中心地带(淮河以北的地区)扩张的同时,另一支力量正在野心勃勃的练总苗沛霖的率领下从帝国手中争夺着淮北东南部的控制权。1857年,苗沛霖在寿州以北的下蔡筑起圩寨,他的影响力从这里开始向外辐射,并一直扩散到三千多个圩寨社区。

当事实表明,淮北地区的动荡已经大到任何一个受其影响的省份都无法单独应付时,政府开始尝试采取联合作战的策略。1855年,武隆额被任命为三省提督,统领安徽、江苏、河南三省军队。但当武隆额尚在拖延中请求更多军队增援之时,捻军抓住了进攻的机会。在步步紧逼的捻军面前,武隆额落荒而逃,他在十天的时间内连失五地。于是,三省联军的指挥权交到了河南巡抚英桂的手上,并由袁甲三随同协办。在1856年中期,清军成功占领了捻军的中心——雉河集,但很快又被返回的捻军赶了出去。第二次对捻军统治区域渗透的尝试甚至比第一次更加失败。

1856年,满族将领胜保被派前去镇压捻军。然而,胜保甚至从未踏足过捻军的中心控制区域。1856年至1859年,他将重点放在收复淮河沿岸被捻军和太平军共同占领的城市上。1860年,他受命督办河南军务。不过,1856年至1862年的这段时间里,三省军务的实际指挥权掌握在袁甲三手中,他先是负责豫皖交界一带的军务,后又受命督办三省剿捻事宜。

1860年,蒙古亲王僧格林沁被任命为钦差大臣,前往处理捻军事宜,然而,一直到1862年的秋天,他才踏足淮北地区。在僧格林沁看来,捻军的战斗力主要来自他们高度发达的骑兵,于是,他的作战策略强调追击(pursuit),且为此建立了自己的骑兵力量。这项策略取得了短暂的成功,1863 年初,捻军被赶出淮北地区,包括张乐行在内的许多捻军首领被抓获并杀害。但是,僧格林沁错失了巩固胜利的机会,山东爆发了新的起义,他从淮北地区被抽调而去。这位蒙古亲王的缺席给了捻军重组其队伍的机会,他们在张乐行的侄子张宗禹的率领下又一次占领了曾经统治的区域。几个月后,僧格林沁再次回到淮北地区,而这次是为了镇压苗沛霖所领导的起义(苗沛霖曾在 1862 年背叛了与他合作的太平天国将领,投靠了政府)。1863 年后半年,僧格林沁打败了苗沛霖的军队并亲手斩杀了苗沛霖,至此第二次肃清了皖北。从这里,他一路追击捻军,横穿安徽、河南、湖北及山东四省。虽然他重新夺回了几座城市,并杀害了一些捻军的首领,但并没有取得决定性的胜利。捻军发展出一套高超的伏击与闪避的飘忽战术(elusive tactics)。1864 年,捻军在河南—湖北一带重创僧格林沁的军队,随后,又诱导精疲力竭的僧王追逐其进入山东。1865 年五月*,僧格林沁的军队在这里遭到伏击,僧王本人被杀害。僧格林沁的失败标志着对捻作战第一阶段的结束,也标志着依赖政府正规军作战时代的结束。

在听到来自山东的噩耗后,朝廷发布紧急命令,要求当时因镇压太平天国而名声大振的曾国藩迅速从南京前往山东处理捻军事务。曾国藩抵达山东代表着一种新的处理捻军问题的方法出现——用忠于皇室的地方势力来打击起义反抗的地方势力。此时的曾国藩是直隶、山东、河南三省的最高军事统帅,总理三省军务,他在山东济宁扎营,开始重组他的军队。在观察到僧格林沁追击策略的结局后,曾国藩强调以“有定之兵”来遏制起义军。

---

* 本书中出现的农历月份皆用汉字数字表示。

他将其部队集中在四个点上，这些点分别位于安徽北部、江苏北部、山东南部与河南西部，并将这些点与贾鲁河、淮河、沙河及大运河沿线建立的防御系统相连接，从而将捻军赶出他们的老巢。在这个防御圈所包围的区域内，曾国藩致力于赢取人民的支持，因为与他的前任们不同，他意识到，捻军力量真正的基础既不是他们的机动性骑兵，也不是其圩寨防御体系，而是人民的拥护。那些倒戈支持政府的淮北人民被收编入淮军，这是一支在曾国藩指导下、由李鸿章组建的，用于抗击太平天国、后又被曾国藩带领与捻军作战的地方军。曾国藩的政策是赢回人民的支持，并利用人民的支持来打击起义军，但这项政策对于消灭捻军无法起到立竿见影的效果。于是，缺乏耐心的官员们接连弹劾曾国藩，迫使其于 1866 年十二月卸任。曾国藩推举李鸿章作为剿捻事业的接任者。李鸿章继续并扩大了曾国藩的防御封锁体系，与此同时，他又部分地回到了僧格林沁的追击策略上来。

从 1865 年下半年开始，为了突破防线回到家乡，捻军进行了一系列不顾一切但都以失败而告终的尝试。就在李鸿章被任命为钦差大臣以处理捻军事务的前几个月，捻军在试图进入山东西南部时被击退了。于是，他们又返回河南，并在那里分裂成两支。其中一支跟随张宗禹进入陕西，被称为“西捻军”；另一支在任柱与前太平天国起义者赖文光的领导下继续留在河南，被称为“东捻军”。1867 年中期，迫于对物资的需求，东捻军冲破了政府防御体系的北部，由此进入山东东部。于是，李鸿章将他在大运河的防御工事从东岸转移到西岸。驻扎在运河沿岸的淮军与沿黄河北部、六塘河东南部的其他清军联合起来，将捻军包围在山东境内。在这个封锁区内，捻军几乎没有得到人民的支持，因为他们之前曾多次征掠此处。有效的封锁使他们无法逃脱刘铭传率领的骑兵的围攻。1867 年,四场决定性战役导致了东捻军的覆灭。任柱被杀,赖文光虽然成功带领几百人渡过六塘河得以逃脱,但在一个月后于安徽东北部被生擒。

自 1866 年分裂后,张宗禹率部向陕西进军,他希望可以在那里与陕西的回民合作。但由于陕西粮食短缺,冉加上左宗棠治下的清军的威胁,失望的张宗禹转而向东进军,过黄河进山西,并于 1868 年一月潜入直隶,到达天津近郊。为保护京师不受捻军的侵袭,政府集结了一支强大的军队来阻止捻军进一步向北推进。封锁区再一次被设立了起来,这一次是以西部的大运河与南部的黄河为界。在这个封锁圈内,联合起来的清军共同消灭了捻军的最后一支有生力量。

伦维尔·隆德(Renville Lund)*
华盛顿大学远东与俄罗斯研究所
1953 年 3 月

---

* 伦维尔·隆德(Renville Lund, 1923—1998):美国穆伦堡学院(Muhlenberg College)东亚史教授。1945 年毕业于哈姆林大学(Hamline University),后在斯坦福大学(Stanford University)完成硕士学习,于华盛顿大学(University of Washington)获中国史博士学位。1956 年作为傅尔布莱特学者(Fulbright scholar)访问香港大学,并于 1962—1964 年在台湾东海大学任傅尔布莱特客座教授(Fulbright Lecturer),自 1967 年起任职于美国穆伦堡学院直至退休。

目　录

前　言

1. 晚清起义的爆发

满族是中国漫长历史中最后一个王朝的统治者，代表着封建 1
专制王朝统治的顶峰。清政府的权力虽然被认为是高度集中的，但它却从未达到过完全的中央集权。即使是在王朝的早期，帝国的权威也总是被潜在的地方势力所挑战，当它开始表现出衰退与虚弱的迹象之时，这些地方势力便开始或多或少地公然分享帝国的荣耀与财富，而这本该是由帝国独享的、垄断的。应该指出，这些地方势力不仅仅是政治—军事的复合体（politico-military complexes），它们早已根植于中华帝国的社会和经济环境之中。在发展的初期阶段，地方势力可能以各种不同的形式出现，如地方"流民"、秘密社会、不服管教的宗族，甚至是有权有势的地方官员。但是，无论其基础及表现形式如何，它们都指向一个重要的历史事实：中央与地方势力之间的长期斗争。作为 19 世纪中国众多起义之一以及本书研究的对象，捻军*起义代表了这场斗争中的一个阶段。

自1681年镇压三藩之乱到1796年白莲教的兴起，这一百年间的安定与繁荣标志着清朝统治的顶峰。然而，在这一时期的后半段，清政府已经逐渐从顶峰走下坡路。新崛起的清政权所具有的生命力已经开始逐渐衰减。关内多年安逸富足的生活渐渐地侵蚀与削弱了曾经不可战胜的、帮助满族统治者夺取与控制帝国的八旗军，人口的迅速增长威胁着继17世纪大动乱后蓬勃发展的经济。这台统治机器正在从内部开始腐烂，而弊政破坏了人民对统治者能力与信誉的信心。

肆虐的白莲教起义已被证明给处于衰退中的清政府带来了相当猛烈的冲击。及至19世纪初期，清政府依旧没有展现出任何复兴的迹象。18世纪50年代初，一系列威力十倍于白莲教的
2 起义席卷全国：广西爆发的太平天国起义、西北爆发的陕甘回民起义、西南地区贵州西部与云南的回民起义、贵州的苗民起义、山东南部的八卦教起义，以及淮河流域的捻军起义。

捻军起义不过是冲击摇摇欲坠的清政府统治浪潮中的一个。作为晚清时期一系列起义的组成部分，捻军与和它同时代的以及之前的起义团体共享了某些构建权力的方式，尤其是在将地方武装组织成更大的区域性团体上。换言之，捻军将其影响力逐渐扩大到更广阔的区域，并发展到更高的组织层面。然而，作为一个独立的群体，捻军有其自身独有的特点，因此值得我们进一步研究。

---

* 捻、捻子、捻军，原书中皆用Nien表示，但在中文表述中三者的含义有一定的差别。“捻”既是数量单位（如一股捻、一捻、数捻），也是“捻子”“捻军”的简称。“捻子”指捻军的成员。1852—1853年，小股捻的武装斗争发展成为大规模的捻军起义。

2. 捻军起义的背景

淮北地区,即淮河以北的这一区域,是 1852 年至 1865 年捻军主要控制的区域。1853 年之前,这些打着捻的旗号的势力广泛分布于江苏徐州府下辖的州县,安徽的颍州、凤阳、庐州,河南

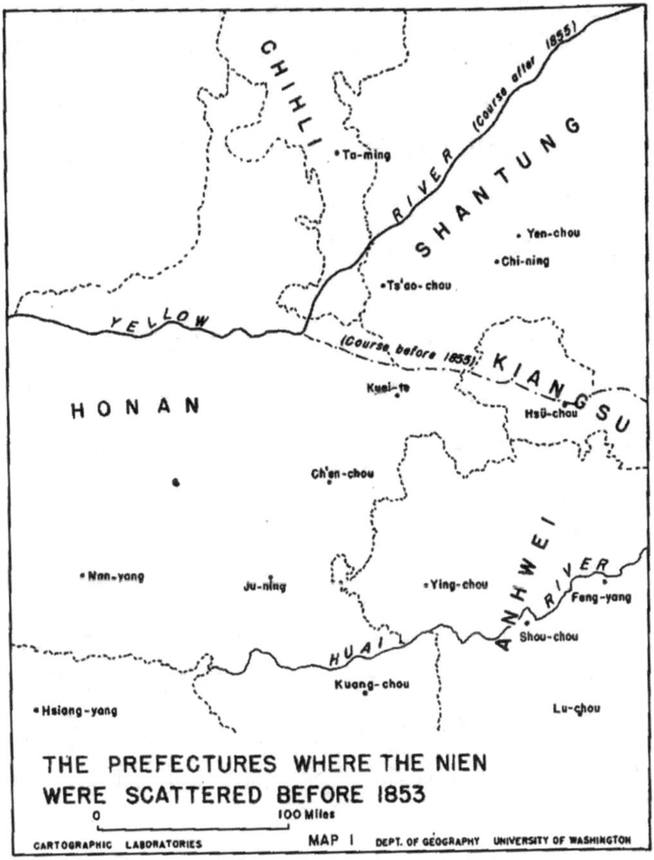

图 1　1853 年前捻军的分布

的南阳、汝州、光州、陈州、归德,山东的兖州、沂州、曹州、济宁,直隶的大名,以及湖北的襄阳等地。① 这些地区都位于省界线上,但如果将此人为划定的省界线去掉,我们可以发现,以上区域都位于中国的心脏地带,其中大部分位于华北平原。

1853 年后,捻军在淮北逐渐取得支配性地位,使这片区域成为其中心统治区,并因此引起了人们对这一地区的关注。淮北位于华北平原南部边缘。淮河以南地区的土壤条件与长江中下游平原相似,其土壤更加细腻,同时含有更多的黏土。换言之,在淮北,即淮河以北的地方,土壤含沙量更高,是由古老黄河的冲积物堆积而成的。从地形上看,淮北属于北方的粟米与高粱的产区。因此,华北平原与长江中下游平原的分界线就位于淮河稍偏北的
3 位置。捻军的家乡淮北属于华北平原这一事实是了解捻军组织本质的关键。他们是一支属于北方类型的起义军。② 例如,他们共享了白莲教及其分支的一些做法,而白莲教在北方的盛行程度远高于南方。捻军注重大规模使用骑兵,这是另外一种只有北方起义者才会表现出的独有特征。这是因为淮北平原没有大山阻挡,1855 年后这里也没有了大河的阻拦。

与淮南相比,淮北是一个贫穷的地区。作为华北平原的一部分,该地区同样具有降水不充足的特点。在干旱时期,这里看起来更像是一片半荒漠,而强烈的降雨往往又会使干枯的河道很轻易地泛滥。由于这里地势平坦、地下水水位高,因此排水能力很差。有时,干旱与洪涝还会在同一年内交替出现。此外,具有巨大破坏力的黄河常常裹挟着饱含泥沙的洪流穿过淮北地区的中

① 《平定粤寇纪略》,卷 3,第 34 页;王定安:《湘军记》,卷 16,第 1 页。见图 1。

② 佐野学在其《农民暴动》的章节中着重强调了这一特点。佐野学:《农民暴动》,《清朝社会史》,第 2 辑,第 30 页。

部。1851年至1853年，山东南部、江苏北部以及安徽北部等地多次发生洪涝灾害。[①] 1855年六月，历经二十天暴雨后，黄河的洪水冲毁了位于河南铜瓦厢的堤坝。[②] 从这里，河水向北改道，最终汇入大清河继而流入大海。在河流向北转弯之处，并没有合适的水域可以容纳这条新改变了流向的河流。洪水淹没了濮州与范县三十里宽的土地，洪泛区内所有村庄和城镇都被淹没在水中。

干旱和洪水意味着饥荒，而饥荒使反抗情绪滋生。19世纪50年代初，饥饿笼罩着整个淮河流域。[③] 也正是在1851年和1852年，捻子变得异常活跃，并最终在1853年，于颍州、亳州、蒙城、宿州毗邻之处正式举起起义的大旗。[④] 作为对捻军的回应，在山东南部黄河泛滥的地区，成千上万流离失所的灾民加入其中，他们主动充当向导，为正沿着这一方向扩张的捻军提供信息。[⑤]

自然灾害与地方政府的恶政联手激发了捻军起义。鉴于清 4
朝统治的普遍衰败，地方行政失当并不足为奇。据御史指控，似乎大多数淮北地方官员都无法避开以下两种缺点：他们要么腐败，要么清廉却能力不足。1851年，河南南阳府下辖的地区发生捻军暴动，知府不敢将此事上报给河南巡抚，直到此事无法再继续隐瞒下去。同样地，该省巡抚在一年后才将此消息上报给中央

① 《山东军兴纪略》，卷17（上），第1—2页。

② 同上，卷2（上），第2—3页。《剿平捻匪方略》（后简称为《方略》），卷122，第4页；卷138，第12—13页。

③ 《方略》，卷2，第15页。

④ 《涡阳风土记》，卷15，第8—9页；《确山县志》，卷20，第7—8页。

⑤ 《皇朝经世文续编》，卷10，第9页；《山东军兴纪略》，卷2（上），第2—3页；《方略》，卷138，第12—13页；《方略》卷230，第20页。

政府。[1] 蒙城县令带兵去逮捕一名捻首，结果事与愿违，县令本人反被捻军俘虏了。[2] 1853 年，亳州县令张清元被袁甲三(1806—1863 年)[3](之后以御史身份督办安徽军务)弹劾，缘由是其在亳州时曾两次几乎激起民变。[4] 依据袁甲三的说法，1853 年，当钦差大臣周天爵[5]卒于王市集时(1853 年)，张清元违背人民意愿，贸然解散了周天爵的兵勇。由于各省毗连之地往往在各省巡抚的直接控制之外，于是这些跨省的交界处便成了捻子活动的天堂，并为其提供了许多机会。[6] 尽管地方当局会偶尔加强镇压省界上捻军的力度，但是捻子可以轻易地跨越省界逃往另一个省份以寻求安全，巡抚们很少会费心干预邻省的事务。因此，御史张凤山提醒朝廷，各省地方官应不分畛域，联合行动。[7] 通常，朝廷会将这些提议下达给各省巡抚，但巡抚们往往只会回禀说他们已经尽全力在履行其职责，而这就是其做的全部努力。所谓的“联合行动”终结在口头承诺上。

5 据传，安徽霍邱知县甚至与捻军的最高领袖张乐行“通曲勾结”。[8] 越过安徽边界到河南东部，罗山知县雷远照与一名捻首

---

① 《方略》，卷 1，第 4—5 页，第 25 页。该知府不敢逮捕该捻首，竟抓捕了一名与其同名的皮匠押解至省城以搪塞责任。同时，巡抚虽然清楚地知道知府的指控有误，但直到一年后，在捻军活动四起且该案已被参至朝堂无法再瞒时，方才对这名知府进行了惩罚。

② 《续修蒙城县志》，卷 6，第 4 页。

③ 恒慕义：《清代名人传略》，第 948—949 页。(恒慕义的《清代名人传略》中标注了人物的生卒年或卒年，在本书中为了信息的完整性和体例的一致性，特将来自《清代名人传略》中的人物的生卒年或卒年信息括注于正文中。——译注)

④ 袁甲三：《袁端敏公集》，奏议，卷 2，第 33 页。

⑤ 1811 年《清史》；恒慕义：《清代名人传略》，第 779 页。

⑥ 《方略》，卷 2，第 11 页。

⑦ 同上，卷 1，第 7 页。

⑧ 《涡阳风土记》，卷 15，第 12 页。

结为拜把子兄弟，而提督博山*接受了来自捻军的七千两银子的贿赂。其余知县们，如光州知州赵登骏、息县知县陈棠也都做了同样的事。[②] 在这些知县之下，衙役与捻军的关系更为密切。在当地政府试图逮捕捻首时，地方差役往往会提前与其私通消息，从而捻首能及时逃脱或提前组织武装抵抗。[③] 息县总役认了一名捻首为义子，而光州知州赵登骏则雇用了一名捻首充当总役，以保全他自己的家族和财产。[④] 当息县官兵围攻由捻首李士林率领的捻众时，当地的捕役欺骗知县陈棠说，这股捻军已被两湖总督招安，其一众人等因此幸免于难。[⑤] 光山捻首程达在罗山避难时，当地官府的两名快总推荐其充当差役。[⑥] 上述大部分案例都可以在都察院的奏折中找到。由于基于谣言的对事实不负责任的夸大并不少见，因此对于以上说法我们也应该谨慎地接受。例如，陈棠在一处记载中被指控接受了捻军的贿赂，但在另一处则被记录道其率领军队围攻捻军。然而，在捻军起义前夕，捻军与衙门捕役之间存在秘密联系这一事实无需争辩。两江总督、江苏巡抚、河南巡抚都承认这种关系的存在。[⑦]

频繁的饥荒困扰着淮河流域，随之而来的是劫掠行为的盛行。随着经济压力一年又一年的变化，捻军活动的浪潮也起起伏伏。[⑧] 自 19 世纪初以来，关于捻子的记录已经在多处官方文件中出现。但是，捻军暴动并反抗既有政权却是一个新的篇章。

---

* 史料中为“柏山”。

② 《方略》，卷 6，第 25—27 页。

③ 《方略》，卷 1，第 19—20 页；卷 2，第 6—7 页。

④ 《方略》，卷 6，第 25—27 页。

⑤ 《方略》，卷 6，第 21—22 页。

⑥ 《方略》，卷 16，第 28—29 页。

⑦ 《方略》，卷 1，第 19—20 页；卷 2，第 6—7 页。

⑧ 黄钧宰：《金壶七墨》，卷 4，第 4 页。

6 1853 年二月，太平天国起义军攻陷了安徽省省城安庆。分布在宿州、蒙城、亳州与寿州的不下三十股捻蜂拥而起，以回应位于他们以南几百里外的太平军的胜利。[1] 同年五月，李开芳与林凤祥领导的太平军从扬州出发，势如破竹地粉碎了通往淮河流域的一切障碍，并在其穿越淮河流域的途中攻陷了凤阳和怀远。“粤匪到处仇官而不害民，市不易肆。”[2]太平天国攻破河南归德的行动鼓舞着捻军趁势进攻永城，并在该省其他地区发动大规模起义。[3] 在颍州和亳州，那些曾被官员们认为胆小且热爱和平的农民，为了加入沿途起义的队伍而成群成股地聚集了起来。[4]

太平天国抵达长江下游地区后所带来的剧变在一定程度上诱发了捻军起义，这场起义是由 1853 年前频繁出现的经济困难所导致的，并由于长期存在的地方行政腐败而愈演愈烈。

---

① 王闿运：《湘军志》，卷 14，第 1 页；《山东军兴纪略》，卷 2（上），第 2 页；《方略》，卷 3，第 1 页。

② 《涡阳风土记》，卷 15，第 8—10 页。

③ 《方略》，卷 3，第 19 页。

④ 《方略》，卷 5，第 15 页。

第一部分

捻军的组织

第一章　捻军产生的背景

在某些情况下,“捻”或“撚”字意味着用手搓揉起来的纸卷。7
用油浸润后,这样的纸卷就可以点燃并像火把一样燃烧。在庆祝中国农历新年时,人们有点燃龙灯内的油纸捻,戏龙灯以驱逐疫鬼的习俗。根据这种说法,一些说书人推断,捻军始于闹龙戏者的聚合。[1] 另一种说法称,捻军是一群聚集起来的游民,在明火劫人前会捻纸燃脂,故称之为捻。[2] 以上两种解释都是基于同样的假设,即“捻”这个字指搓转后的纸卷,而两者也都仅仅是猜测。捻军采用这个奇怪名称的真正原因尚无明确定论。

但有一点是已然明确并且值得我们注意的,特别是在讨论捻军的组织时,即“捻”这个术语也被用作捻股的单位——无论其规模大小,每一股都被称为一捻。[3] 我们可以在“棍匪”中找到一个与之相类似的术语,他们用“幅”(指一条布)来作为一股、一伙

① 王定安:《湘军记》,卷16,第1页。
② 王闿运:《湘军志》,卷14,第1页。
③ 黄钧宰:《金壶七墨》,卷4,第4页;《方略》,卷1,第26页。

8 的单位,①因此,“棍匪”又被称为“幅匪”。许多资料对“捻”作为单位名称的用法有着相同的解释。“河南有所谓捻子者……联络党羽,誓同休戚,抵死不悔”。② “每一股谓之一捻,小捻数人,数十人,大捻一二百人不等”。③ 捻的原义是“捏”,④捏在发音上与捻相似,捻有时也被读作捏。据《河南通志》记载,捏代表着捻股聚集的方式。捻子将其成员群聚成股,“若手之抟物,仓促捏成,撒手立散”⑤。这是捻军在自我组织时的一种流行的做法。以上是对于捻军为何将其每一股的组织单位称为“捻”的一种可能的解释。

对“捻”一词的阐释并不仅仅是出于对术语的兴趣,而是因为对其含义的正确认知有助于我们理解捻军的基础形态。“捏”这个动词体现了捻军在组织其作战力量时采取的独特方式。在这个松散的、被捏起来的团体发展成为一个更紧密的组织的过程中,仍然有一条艰难且漫长的道路要走。即使在之后的军事制度

① 在大运河沿岸,有成千上万的船夫与码头工人依靠漕运船只谋生。受太平天国运动的影响,漕粮渐渐由运河运输改为海运,这些漕工因此而失业。如此情况下,沦为流民成为他们不得已的选择。这些失业漕工即所谓的“幅匪”。“幅”与“捻”一样,是一个难解的字眼,目前已有许多解释来定义其概念。有人推测,“幅”指其成员用来包裹头部的一条布。[《山东军兴纪略》,卷17(上),第1页]但我认为这并不是一个令人满意的解释。其他起义军也曾用方巾束发。(我将在本章的后面部分来讨论捻军的红头巾。)如果让我做一猜测的话,我认为“幅”与“捻”的用法类似,是一个表示单位的术语,因为“幅”是布匹的单位。很可能幅军内部称一股为一幅,故而外界称其为“幅匪”。在官方记录中,政府用“结幅”(意思是人民加入幅军)来形容幅军的行为。如果“幅”是指这些人的头饰,那就不可能在前面加上“结”这个动词。

② 《方略》,卷320,第4页。

③ 同上,卷1,第26页;卷4,第17页。王闿运:《湘军志》,卷16,第1页。

④ 《平定粤寇纪略》,卷3,第34—35页;《河南通志》,卷73,第1861页;《清稗类钞》,卷7,第9页。

⑤ 《河南通志》,卷73,第1861页。

形成后,早期遗留下来的特点也依然存在。因此,这个术语不仅暗含着捻军的组织方式,同时也制约着捻军组织的发展。

然而,我们也不应该被其误导,认为单从这个字眼便可以追溯到捻军的起源。为此,我们还须在他处寻找更多的证据。例如,捻军与其他秘密组织的相似之处揭示了哪些关于捻军起源的内容?

在下一章中我们可以看到,捻军称其首领为“大汉明命王”。这个称号意味着捻军对清朝皇室不仅仅是民间对统治者的反抗,而且是对非汉族统治者的反抗。如果他们是一群只会在行动时点燃纸卷的农民,那么在他们身上是不会具有这样的民族意识的。同样的民族意识也存在于部分山东教民身上。1861 年,政 9
府官员在战利品中发现了两枚“教匪”使用的印章。其中的一枚刻有“兴汉灭胡”四个字,指“光复中华、驱逐蛮夷(满族)”;在另一枚上,刻着“扫清立明”,意为“消灭满清、光复明朝”。[①] 以同样的方式,山东淄川的教民宣称其首领为“汉王”。[②] 这些人并不是自发组织起来的,他们是由发源于白莲教的秘密社会所领导的。[③] 那么,同样具有民族意识的捻军,是否也可以归类为秘密

① 《文献丛编》,故宫博物院月刊,第 22 期,第 46 页。

② 《山东军兴纪略》,卷 20(上),第 6 页。

③ 白莲教是佛教的一个分支,其在中国存在已久。慧远大师(卒于公元 416 年)通常被认为是白莲教的创始人。为静修佛法,慧远及其弟子定居于庐山某处。他们自称其寺庙为白莲社是基于以下缘由:“谢灵运至庐山,一见远公(僧慧远),肃然心伏,乃即旨筑台,翻《涅槃经》,凿池植白莲。时远公诸贤同修净土之业,因号‘白莲社’。”(《莲社高贤传》,第 1 页)但直到南宋时期,真正意义上的白莲教方才出现。其由吴郡昆山僧人茅子元所创建,提倡念佛持戒。随着时间的流逝,政府的镇压及其他教派的迫害改变了白莲教的教义与活动。(《初期的白莲教会》,重松俊章著,陶希圣译,发表于半月刊《食货》第 1 卷,第 4 期,第 27—28 页。)在随后的各朝各代中,白莲教领导了一次又一次反抗朝廷压迫的起义。

社会呢?

在位于山东、河南及直隶三省交界地带的许多秘密社会中,有一支名为捏子会。[①] 根据《清稗类钞》记载,“捻,捏也。不逞之徒聚捏成队,故曰捻子。”[②]在捻就是捏、捻又被称为捻子的情况下,捏子会可看作是捻军组织的一个别名。

10 作为一个秘密社会,捻军与白莲教是否有联系呢?在捻军确切分布的地区(颍州、亳州、徐州、归德、曹州、沂州及兖州),以下秘密社会曾先后存在过:顺刀会、虎尾鞭、八卦教以及义和团。[③] 八卦教与义和团都起源于白莲教的事实表明,捏子会也一定与白莲教有着某种联系。[④] 负责处理捻军事务的袁甲三[⑤]在 1854 年递交给皇帝的奏折中提到“捻首张鹏传习邪教多年”。[⑥] 袁甲三的指控表明,捻军具有部分宗教特征。但“邪教”这个术语仍然过于模糊,无法指明捻军是属于哪一个宗教群体。关于这一观点的明确表述可见《金壶七墨》,书中清楚地阐明了捻军和白莲教的关系。

> ……有白莲教遗党劫掠最横,以朱染发,号曰红胡匪,每一股谓之一捻,小捻数人数十人,大捻二三百人,是为捻匪之

---

① 末光高义:《中国秘密结社与慈善结社》,第 123 页。

② 《清稗类钞》,卷 7,第 149 页。

③ 《义和拳教门源流考》,收录于《拳乱三种》,第 2 页。

④ 长野郎:《中国的社会组织》,第 223 页。

⑤ 恒慕义:《清代名人传略》,第 948—949 页。

⑥ 《方略》,卷 5,第 10 页。

始。自嘉庆甲戌年起，至今不绝，年丰则少靖，岁歉则横行。[1]

如此，捻军看起来便是白莲教的“残余”。二者之间的联系也可以进一步通过它们在活跃地点与战略战术上的相似之处来 11
得到证实。元朝末年（1350—1368 年），白莲教领导的起义军在江苏徐州、安徽亳州与濠州以及河南光州等地蓬勃发展。[2] 这些地点亦是捻军的中心活跃区域。清朝嘉庆年间，在邻近光州的同一地区，白莲教再次开始传教。[3] 如前文所提及的，捻子将其胡子染为红色，[4]而红色是白莲教中最受欢迎的颜色。元末起义时，东、西白莲教起义军均以红头巾为标志，并自称“红巾军”。明朝的开国皇帝朱元璋曾加入这支队伍。[5] 在捻军起义的初期，

① 黄钧宰：《金壶七墨》，卷 4，第 4 页。陈恭禄接受了“纸卷”与“捏聚成团”两种解释，但没有指出捻军是秘密社会之一（陈恭禄：《中国近代史》，第 202 页）；郭廷以明确地指出“捻”就是股、伙的意思，正确追溯到捻为一个单位名称，但他仍没能阐明捻军是一个秘密社会的事实（郭廷以：《太平天国史事日志》，附录，第 120 页）；李鼎声、范文澜及曹伯韩都已查明捻军属于秘密社会，但未将其溯源至白莲教（李鼎声：《中国近代史》，第 76 页；范文澜：《中国近代史》，第 166 页；曹伯韩：《中国现代史读本》，第 15 页）；佐野学承认捻军属于秘密社会，但坚称其不包含任何异端成分（佐野学：《清朝社会史》，第 2 辑，第 30 页）。

② 韩林儿，栾城人，其祖辈因从事白莲教活动，以焚香惑众之名被永久流放。在元末动乱时期，其父韩山童四处散布帝国即乱以及弥勒佛下生的预言。在河南及江淮地区的广大农村中，人们对此深信不疑。另一位颍州人氏刘福通，声称韩山童是宋徽宗八世孙，并拥其为帝，于 1350 年起开始武装反抗元朝的统治。《明史》，第 122—123 页。（应为“迎韩山童之子韩林儿为幼帝”——译注）

③ 魏源：《圣武记》，卷 9，第 1 页。

④ 《方略》，卷 2，第 6 页；卷 320，第 4 页。

⑤ 《明史》，第 1—3 页，第 122—123 页。

红巾扎头也被继承了下来。[①]

嘉庆年间长达九年的白莲教起义中，白莲教教众所采用的战术在五十年后被捻军完美复制。18 世纪 90 年代的“教匪”是一股具有强大机动能力的军事力量，“往来奔窜，剽忽无常”，“虽各处掳掠迫胁，闻官兵所在，各争先引避。”他们总是避免与追击的清军直面作战，但也从不放过任何袭击清军弱点的机会。[②] 捻军很好地遵循了这一模式，并通过增加骑兵来进一步提高其机动性。

12 （捻军与白莲教在作战方面也有一些共同之处。由于这与捻军的组织相关，我们将其放在下一章详细讨论。）

除了捻军及上文所提及的八卦教、义和团外，安徽、河南、山东以及江苏的交界地带还有许多秘密社会。其中的大乘教、如意教、清门教、白阳教等，其起源皆可以追溯到白莲教，[③]如八卦教[④]曾被称为天理会。名称的更改并不意味着这些秘密社会内部发生了变化，这只是用来迷惑政府、逃避迫害的一种聪明手段。《中国秘密社会史》对此有极高的评价。

> 继天启五年（1625 年），白莲教领袖徐鸿儒大败后，白莲教继续以不同的名称存在于世，如，“天理教”“白羽会”“三香会”“八卦教”……面对政府的严重迫害，他们通过别立诸

① 袁甲三：《袁端敏公集》，奏议，卷 2，第 32 页；卷 3，第 10 页。《方略》，卷 7，第 1—3 页。

② 《皇朝经世文编》，卷 139，第 21—22 页。

③ 长野郎：《中国的社会组织》，第 223 页。

④ 八卦教又称龙华会。《平定教匪纪略》，卷 26，第 24 页。龙华寺位于上海附近，早在 11 世纪之前便已存在。后来，寺庙西北隅有一座白莲教院。《古今图书集成》，卷 109。

> 种名目来迷惑世人。[①]

如此看来，捻军极有可能是白莲教的一个分支，只不过是在另一个名字的伪装下出现的。

1801 年，政府颁布了一条反对异端邪说的法律补充条款：

> 凡传习白阳、白莲、八卦等邪教，习念荒诞不经咒语，拜师传徒惑众者，为首绞立决，为从年未逾六十，及虽逾六十，而有传徒情事，俱改发回城给大小伯克及力能管束之回子为奴，如被诱学习，尚未传徒，而又年逾六十以上，改发云贵两广烟瘴地方充军……[②]

这一律例也同样适用于捻军。黄钧宰认为 1814 年（嘉庆甲戌年）是捻子出现的年份。[③] 王闿运将捻子出现的时间提早到康熙统治时期（1662—1722 年）。[④] 但直到嘉庆时期（1796—1820 年），政 13
府才颁布特别法令来应对捻股的活动，并对三人或三人以上的结伙行为加等科罪。[⑤] 在安徽颍州，政府声明，"颍属捻股凡结伙三人以上，但有一人持械伤人者，不分首从皆发极边烟瘴充军。"[⑥] 除了在人数的界定上进一步明确外，这些条文的内容都只是对 1801 年镇压白莲教法条的重复。捻军得到了与白莲教一样的对待这一事实，不仅体现了捻军与其他地方暴动者之间的差别，而

① 平山周：《中国秘密社会史》，第 2—6 页。
② 《大清律例汇辑便览》，卷 16，第 5—6 页。
③ 黄钧宰：《金壶七墨》，卷 4，第 4 页。
④ 王闿运：《湘军志》，卷 14，第 1 页。
⑤ 《方略》，卷 2，第 1—2 页；王定安：《湘军记》，卷 16，第 1 页。
⑥ 《方略》，卷 2，第 3 页。

且有助于确认捻军和白莲教间的直接联系。

查明捻军属于秘密社会，且是一个起源于具有煽动性的白莲教的秘密社会，是一项非常重要的工作。首先，它是我们得以正确评价在正式起义前的几年间捻军活动之重要性的先决条件。

1853 年之前，有关捻军的记录是模糊的。官方报告中只是不定期地记载了一些捻子“违反法纪”的内容。如 1834 年，政府的案卷中记载了关于捻子“打劫”的案件。[①] 其中同样记载了多起捻子夺取财物的案件。在正式行动前，他们通常会给附近的殷实之家散帖，以此作为夺取钱财的初步通知。这一过程有个专业的术语，叫“定钉”。[②] 有时他们绑架对方并迫使对方加入其组织，被俘者如若拒绝加入，则需要上交足够的赎金才能被释放。至咸丰初年，捻子参与的“打劫”案不断增加。其中有一股，每逢村镇赶集就围堵村口，禁止贸易人员出入，直到出钱方可通过。[③]

除非将捻军是由起义的秘密社会所领导的这个事实计算在内，否则我们很难把捻军与其他同样从事绑架和抢劫的一般地方盗匪区分开来。基于这一事实，我们可以推断，对于捻首而言，劫富济贫可能并不是他们的最终目的，这只是他们诱导更多人加入其组织的手段。他们深知该如何吸引那些渴望财富以及那些被
14 贫穷所压迫的人们。此外，索取贡品亦是捻军与其他秘密社会用来筹措资金并维系其组织的一种普遍的做法。[④]

在正式起义的前夕，除劫掠案件外，关于捻子贩卖私盐的案件也不时地出现在官方或半官方的记录中。捻军大首领张乐行

① 《方略》，卷 1，第 1—2 页，第 17—18 页。

② 《方略》，卷 1，第 17—18 页；《大清会典事例》，卷 133。

③ 《方略》，卷 1，第 18 页。

④ 《宣宗成皇帝圣训》，卷 84，第 7 页。

在 1853 年之前就已经作为私盐贩子出现在官方的记载中。[1] 这类人通常被称为“盐枭”。他们以江苏、安徽、山东交界之处为活动中心，在北起天津、南至扬州的广大区域从事着走私活动。道光初年（1820 年），安徽的颍州是“盐枭”的避难所。[2] 在这里，“盐枭”与捻军的合作相当紧密，政府甚至难以将二者加以区分。[3] 当然，私盐贩子无法与宗教教徒归为一类，后者在这一时期的这一区域已经获得了相当的影响力。但他们所从事活动内容的特殊性早已暗示了二者联合的必然性。张乐行既是捻首又是盐枭。我们不清楚他是先成为捻军的一员，接着因为与盐枭的接触而将贩卖私盐作为一种谋生手段，还是他先是盐枭，后来又加入了捻军。无论是哪种情况，捻军和盐贩合作都是不争的事实。

由于捻军是一个秘密社会，所以捻军从事走私贸易便有着重要的影响。私盐走私为捻首们提供了另外一条扩大其组织的渠道。当一个人从事诸如贩卖私盐这类危险的事业时，他手下必然有一群豁出性命的人听命于他。一旦捻子与这些走私者结合，那就意味着这些同时从事私盐走私的捻首麾下除了拥有跟随自己的捻军成员外，还有一群随时待命的亡命者供他支配。在这个时期，政府始终认为，捻军的追随者来自无知的人民，他们被异端邪说所蒙骗而加入其中，因此认为这些人对捻军的忠诚并不牢固。[4] 但没有人可以否认这些走私者的忠诚，尤其是当与捻军的合作可以立竿见影地给他们带来物质财富时。这支具有明确目

---

① 《涡阳风土记》，卷 15，第 8—9 页。

② 王先谦：《东华录》，道光，卷 6，第 9—10 页。

③ 《宣宗成皇帝圣训》，卷 130，第 30 页；《续修蒙城县志》，卷 6，第 4 页。

④ 《方略》，卷 6，第 3 页；卷 53，第 17—18 页。《山东军兴纪略》，卷 2（上），第 2 页。《拳案杂存》，收录于《拳乱三种》，卷上，第 2 页。

标和固定组织的队伍，是捻军战斗力的中坚力量。在将捻军打造成为数支有力的武装队伍的过程中，这些盐贩发挥了决定性的作用。

15 捻军是一个发源于白莲教的秘密社会，这个认知不仅给上述捻军在起义准备阶段的行动赋予了意义，同时也解释了捻军在起义前夕一系列活动的意义。

如前言所说，在 1851 年，即咸丰元年，淮北相对平静的气氛被反复出现的饥荒所打破。一方面，帝国的行政与军事机器从内部进一步恶化；另一方面，农民的不满情绪堆积得越来越强烈。在这样的背景下，一个小小的火花便足以点燃起义的熊熊之火。与无组织的农民相比，具有组织实体的捻军，会站出来领导这场革命吗？

自南宋（12 世纪）以来，白莲教已经相继发起多次农民起义，它们分别发生在 14 世纪中叶的元朝末期、1621 年前后的明朝，以及 1796—1804 年间的清朝。白莲教的最后一次大规模起义仅仅发生在距离当时五十年之前，许多人对它仍记忆犹新。从政府的角度来看，镇压的捷报通常代表着一场场叛乱的终结。但对白莲教教众而言，被镇压仅意味着暂时的受挫。一旦发现时机再次成熟，他们就会卷土重来，重新点燃反抗的火焰。一名白莲教教徒在供词中展现了他们不懈斗争的意志：“（和平时期）每日朝拜太阳、念诵经语，可免刀兵水火之厄……如遇荒乱，并可图谋大事。”①

作为白莲教的“残余”之一，捻军并没有背离这一原则。在以劫掠与走私为主要活动的时期，他们一直在观察形势，并早已

① 《平定教匪纪略》，卷 26，第 24 页。

做好抓住先机来挑战既有政权的准备。19 世纪 50 年代初的淮北为捻军提供了所有他们长期期望拥有的条件。实际情况也确实如此,捻军在 1853 年正式举起了起义的大旗。在此之前,从 1851 年起,他们已经在加紧鼓动村民加入,[①]并利用一切机会来夺取农村的领导权。

这一点具体表现在当各敌对村庄进行传统械斗时捻军所采取的行动中。这种形式的斗争并不仅仅存在于淮河流域,在咸丰时期也并没有引起政府的注意。纵观整个中国历史,每当中央政府的控制力减弱时,这种情况就会发生。在 19 世纪道光统治年 16
间,一名御史在奏折中写道:"安徽凤阳府属之寿州,颍州府属之亳州、蒙城,庐州府属之合肥一带,地方民风强悍,遇事忿争,往往号召多人持械格斗。"[②]这名御史所列举的地区正是当时捻军活动不断增加的地区。据《方略》记载,捻人"皆犷悍凶顽,性喜械斗,联络党羽,誓同休戚抵死不悔"。[③] 在咸丰统治的早期(19 世纪 50 年代),安徽亳州与河南归德、永城乡间的世系纠纷达到了顶峰,而由张乐行领导的出于报复而对北部的进攻造成了当时最为紧张的局势。事情经过大致如下:

> 咸丰二年,龚得等横行劫掠,乐行族子杨会率党十八人赴永州掠羊百余只,吏捕之狱。时乐行贩私盐,黄河北归,率龚得等万余人围永城,劫杨等十八人出狱。[④]

---

① 《安徽通志》,卷 102,第 1—17 页。

② 《宣宗成皇帝圣训》,卷 83,第 43 页。

③ 《方略》,卷 320,第 4 页。

④ 《涡阳风土记》,卷 15,第 8 页。

目前手中所掌握的资料从未将这件事与之后永城和亳州两地间的械斗直接联系起来。但基于位于省界线以南的亳州是捻军巢穴的中心,以及这一插曲过后,众捻首,特别是苏天福,接管了亳州人民与归德、永城人民间斗争的领导权的事实,我们可以将张乐行对永城的攻击看作是此后这两个地区之间相互残杀的开端。1854 年,苏天福及其他一些捻首召集捻众与村民,对省界
17 以北的敌对村庄进行大肆掠夺。① 而在另一侧,归德百姓在团练总办祝恺的领导下,②以更为暴力的方式进行反击。祝恺以与捻作战为由,出其不意地袭击了南部的仇敌,对当地的居民不问良莠,不论是否从捻,都一概予以杀害。③

北部地区的这种残暴行为反过来又激起了南部人民的愤怒,他们很轻易地便被捻军所笼络。自 1854 年起,张乐行在其位于雉河集的总部(受蒙城管辖但位于亳州边界),以防御的名义集结了近四百个村庄来共同对抗北部。④ 对方阵营也采取了同样的防御措施。遭受折磨的归德、虞城、永城、夏邑四地的人民,皆身披丧服以纪念他们受到的苦难,并聚集数万人以抵御捻众。⑤

---

① 袁甲三:《袁端敏公集》,奏议,卷 5,第 19—20 页;《山东军兴纪略》,卷 2(上),第 1—2 页。

② 地方团练并不是 19 世纪 50 年代的新产物。关于它的起源,可参考《清朝续文献通考》中关于团练的介绍。(《清朝续文献通考》,卷 215,第 9617 页)在我们所讨论的这个时期,是由于道光末年广西的起义迫使朝廷在 1850 年颁布了一项法令,鼓励地方以自卫为目的兴办团练,以此来抵御不断崛起的起义势力。Frank Michael 对此课题有专门的研究,具体可见其文章"Military Organization and Power Structure of China During the Taiping Period", *Pacific Historical Review*, Ⅷ, 4 (Nov. 1949)。同时也可参考本书第一部分的第三章,以及第二部分的第三章。

③ 《方略》,卷 7,第 7—8 页。

④ 《山东军兴纪略》,卷 2(上),第 2 页。

⑤ 《山东军兴纪略》,卷 2(上),第 7—8 页。

捻军在此过程中发现,他们迫切需要扩充其队伍并扩大其影响范围。

从表面上看,似乎是亳州人民利用了捻军增强他们的实力,并以此来对抗北部的对手。但实际情况恰恰相反,也就是说,捻军作为一个不受常理约束的秘密社会,正在利用当地的械斗来达到自己的目的。在永城人民与亳州人民相互复仇的恶性循环中,捻军是唯一的赢家,诸如张乐行、苏天福这样的一批捻首,在亳州的一些农村地区取得了领导权。

地方动乱是反映政府行政与军事组织衰败的一个显著特征。地方官吏和地方军队未能在农村地区稳定秩序、实现和平,反而是捻军、幅军、八卦教等秘密社会打着协助乡村防御的旗号接管了当地领导权。[①] 这也可以看作是捻军开始从清廷官员手中夺 18
取农村政权,并在此基础上建立自己统治的起点。考虑到之后捻军在广大农村联盟的基础上所实现的对淮北地区的统治,可见农村攻防组织的出现及捻军对它们的控制具有重要意义。

因此,在 1853 年前后,捻军作为一个秘密社会,为地方农民起义的复燃提供了领导力量。然而,一个能够领导农民的组织并不一定能强大到发动一场大规模的起义。捻军基础组织的本质仍值得我们仔细研究。

在 1853 年以前,捻军的基础组织是众多的捻股,每股捻的首领都致力于满足其追随者对物质财富或复仇的欲望。由于诸如走私、抢劫及农村间的械斗等活动并非是不间断进行的,也并非

① 同样的事情也发生在山东农村的械斗之中。如长枪会的起义并非是长枪会与政府之间敌对的结果,而是农村内部相互对抗的结果。八卦教的兴起也是类似上述这种农村内部的对立造成的。《山东军兴纪略》,卷 11(上),第 4—5 页。

集中在单一地区，因此，为了这些目的而“捏在一起”的捻股必然会分散在各个地点。任何一个捻军的成员，只要具有冒险精神及目标，且能够将一定数目的人“捏”成一股，就可以声称自己拥有一股捻。[①] 在农村的冲突中，只要敌对的双方愿意依靠捻军的支持，就会形成捻股这种模式的群体。由于这种对立行为并不是某一地区所特有的，因此，以此目的组织起来的捻股也根据卷入其中的农村的位置而分散在不同地方。所以，捻军组织在初期的第一个特点就是地理上的分散。1853 年前，我们几乎无法指出一个可以被视为其政治或军事中心的地点。如前言所述，以捻军的名义“作乱”的人群分散在五省的边界。河南的一些捻子故意将他们的据点建立在危险且隐蔽的地区。例如，角子山位于河南三县与湖北随州的交界处，不通大路，除了走曲折小路外，没有其他方式可以前往捻子隐藏在深山中的“老巢”。[②]

早期捻军组织的第二个特征是众多的捻股是彼此独立的。
19 这个特点体现在每股捻的首领都会自称为堂主。[③] 堂主这个词显然是从天地会借用而来的，这个称呼在中国南部非常盛行。[④] 每个天地会分支的首领都会给他的堂取一个别名，以向政府隐瞒其真实名称。其成员将堂主所在的堂当作避难之所，在那里寻求

---

① 《方略》，卷 1，第 1—2 页，第 8 页，第 17—18 页。

② 《方略》，卷 1，第 10 页。

③ 《山东军兴纪略》，卷 2（上），第 1 页。从字面意义上理解，“堂主”应该翻译为“房屋的主人”；然而，在事实上，这些被称为“堂主”的人是指率领着一支小团体的首领，这些团体既相互独立，同时又在秘密社会的内部关系下联结在一起。

④ 平山周对“山堂”进行了解释。“哥老会（天地会之分支）每团必设一某某山名，犹寺院之在某某山也。又有堂名，犹《水浒传》梁山上之有忠义堂”，平山周，第 81—82 页。

庇护与食物。作为回报，堂主有权得到一定份额的战利品。① 虽然天地会与白莲教之间存在区别，但后者在 19 世纪 50 年代不仅模仿了前者的术语，例如堂主或先锋，也模仿了他们的作战方式。②山东淄川的首领刘德培即被他的追随者拥护为堂主。③ 八卦教教首颜秀伦*于山东莘县设立据点，在这里庇护其“教徒”并向他们收取贡品。④ 淄川与莘县两地都位于山东境内，相比捻军的统治中心距离南方更远，但他们在某些术语及活动形式上却受到了天地会的影响。大概与这些位于更北部的山东教民一般，分布在山东和安徽边界的捻军也以同样的方式受到堂主体系的影响。

在阐明“堂主”一词的由来后，就很容易认识到这种分散的体系对秘密社会在组织方式上的影响。这些以堂为单位、由堂主领导的队伍的特点是，其组织虽然相同，但各地自为统属，拥有独立的首领，在他们之上没有可以总领各堂的实际中心。⑤ 我们已经看到，任何一名捻军的成员，只要他有足够的能力可以聚集众
多的追随者，就可以宣称他拥有一股捻。因此，堂主体系反映的 20
是领导权的独立性及捻军整体的分散性，这套体系在 1853 年被整合为张乐行的五旗军制前一直都存在。

由于拥有如此多独立的首领，各捻股很难采取联合行动。在像直隶开州与河南归德边界这样的小区域，捻军都分化出了二十

① 《广西通志辑要》，堂匪琐录，卷 1，第 1 页。

② 《山东军兴纪略》，卷 2（上），第 1 页；平山周，第 39 页。

③ 《山东军兴纪略》，卷 20（上），第 5 页。

* 史料中为“延轮秀”。

④ 《山东通志》，卷 117，第 3347 页。

⑤ 平山周，第 81—82 页。

余部，[①]更不必说在广大的淮河流域中捻股的多样性了。

捻军基础组织的第三个显著特征是其富有弹性的规模。如上所述，一个首领只要能召集三人以上，甚至到几千人不等，都可以宣称拥有一股捻。例如，尽管张乐行在猛攻永城监狱去营救他的侄子时号称拥有上万人的兵力，但在数月之后的1852年冬，即起义的前夕，张乐行仅在另一名捻首冯金标[②]的支持下聚集了一千人。1853年，亳州捻众合五十八捻为一捻，[③]与此同时，在邻近亳州的颍州聚集的捻众，将他们每一股队伍都扩展到数百人至数千人的规模。[④] 据记载，山东曹州有捻十三股，但各股并十三捻为一捻后总人数仍不及三千，直至吸收了沿途的流民才超过三千人。[⑤] 由于这些数字大多是基于具有争议的官方的估计，因此其准确性受到了大家的质疑。但是，即使只是大体上准确，这些数字依旧显示出捻股在规模上的灵活性。

综上所述，捻军的特征可以概括为地理上分散、形式上独立以及规模上无规则，其本质是一支地方武装。毫无疑问，他们有能力在各自的所在地制造出相当大的动乱。但在19世纪50年代初，捻军应该已经开始着手一项更大的事业了。他们发现自己需要两件武器：一个群体领袖以及一个更加紧密的组织。

---

① 王闿运，卷14，第1页。

② 《安徽通志》，卷102，第10页。

③ 《涡阳风土记》，卷15，第8—9页。

④ 《安徽通志》，卷102，第15页；《方略》，卷4，第17页。

⑤ 《方略》，卷6，第3页。

第二章　捻军的军事组织

1852 年冬，捻军不仅开始认识到一个统一的领袖与紧密组织的必要性，而且为了使二者成为可能进行了初步的尝试。这年冬天，萧县捻首冯金标和张凤山与其他十六名捻首一起，将他们 21
的队伍聚集在蒙城附近。在这里，他们拥蒙城雉河集捻首张乐行为其首领。[1] 次年一月，捻首们聚集于雉河集的一座寺庙内祭旗起事。[2] 的确，推选首领与祭旗是起义初期常见的做法，其他起义群体在开始阶段也是这样做的。但是，这种形式上的变化象征着捻军组织中某些东西在逐渐凝结。首先，蒙城众多捻股的集聚表明，捻军正在试图从以往分散、独立的队伍中建立起一支统一的武装力量。其次，承认张乐行为他们的领袖，意味着这些曾经各自为王的头目们，愿意将他们的权力，至少是暂时地，让渡给总首领。祭旗不仅意味着曾经分散的和无组织的捻股开始团结在一面旗帜之下，同时还意味着他们发誓要进行一项更大的事业——起义。也就是说，他们告别了诸如酗酒、赌博、走私、械斗、绑架、抢劫这些低级的行为。众多捻股的联合扩大与增强了捻军的规模与实力，对新事业的重视开始展现出捻军的真正目标。

① 《安徽通志》，卷 102，第 10 页。

② 《涡阳风土记》，卷 15，第 8—9 页。

显然,此时所采取的行动还远没有带来任何体制上的革新。十八捻合为一捻无疑标志着对以往分散战斗力的改善,然而,这种结盟虽然代表着更高程度的联合,但并没有持续下去,因为它尚未建立在坚实的制度基础上。这支队伍甫一成立,就迅速经历了一场灾难性的考验。

颍州知州毛含煜无法容忍在其辖区内发生有组织的起义,于是他迅速对雉河集发起进攻。在毛含煜军队推进之前,捻众早已四散开来。张乐行和冯金标等捻首放弃了他们的大本营,向宿州的团练总办周天爵投诚。[①] 在这里,张乐行被授予"勇目"的职
22 位。[②] 张乐行的投降或许是因为雉河集之战的失败打破了他对起义前景的信心,抑或是他希望给他被击败的队伍提供喘息的空间。无论出于什么原因,他在周天爵大营内停留了短暂的一段时间,因为经济上的困难,周天爵之后遣散了在张乐行与冯金标指挥下的乡勇。[③]

就捻军的组织体系而言,从雉河集之战受挫到1855年秋的这段时间内,官方记录中未见明显的变化。但这并不意味着捻首们忽视了这个问题。在这两年半的时间里,他们仍一直努力使各股武装力量联合起来,这是他们自1852年冬以来一直重视的一项计划。这两年半的时间可以看作是一个过渡时期,此后便进入捻军组织发展的最后阶段。

1853年十月,蒙城、亳州地区的捻首们将五十八股捻合为一

---

① 《涡阳风土记》中写道张乐行向周天爵投降(《涡阳风土记》,卷15,第8—9页),但《宿州志》中记录了一个不同的故事:周天爵拒绝了张乐行在次月的第一次投诚,但两个月后将张乐行拢入其麾下(《宿州志》,卷10,第23页)。

② "勇目"是地方民团中小头目的通称。由各省组织的地方团练的增加也反映出清军的衰败。参见"Military Organization and Power Structure of China During the Taiping Period", *Pacific Historical Review*, Ⅷ, 4 (Nov. 1949)。

③ 《涡阳风土记》,卷15,第10页;《宿州志》,卷10,第23页。

捻,此外,他们还让这些地方的村民为其服务。[1] 此时,众捻中有四大头目,自称为四大天王。五个月后(1854 年三月),亳州一名捻首张捷三在义门集建立其总部,并由此将其势力扩大到雉河集和临湖铺。[2] 第二年的二月,捻军六千人拥护龚得为“都捻头”。[3] 以上三个案例皆指明了何为此时捻首们认为的最重要的事情。然而,他们真正取得的成就不是形式上的统一,而是力量的扩张。事实证明,捻股数量上的变化并不能解决他们面临的问题。四大天王和张捷三所积累的力量很快被周天爵的继任者袁甲三消灭了。随着他们的首领被杀害、队伍被歼灭、“巢穴”被铲除,捻军遭受了比 1853 年雉河集之战更大的灾难。

这些事件也表明,在这一时期,张乐行本人并没有积极地参与捻军的组织工作。《安徽通志》的一份名单中列出了 1853 年十月聚集的捻首的名字,其中包括四大天王以及一些级别较低的捻首,但张乐行的名字并不在名单上。我们亦可以看到,张捷三已经将他的控制范围扩大到张乐行的大本营雉河集,然而张乐行并不在张捷三的合作者之列。[4] 龚得曾是张乐行的下属,但之后
他重新聚集六千人并成为都捻头的行动显然是撇开张乐行独立 23
完成的。除了在这些记载中发现的迹象外,袁甲三的奏折也揭示了张乐行在这一时期捻军活动中的消极状态。迟至 1854 年十月,袁甲三还在奏折中写道,张乐行在帮助政府保卫雉河集的名义下继续占领着雉河集。[5] 据《涡阳风土记》记载,三年间

---

① 《方略》,卷 4,第 17 页;《安徽通志》, 卷 102,第 15 页。
② 《安徽通志》, 卷 102,第 19 页。
③ 袁甲三,奏议,卷 6,第 31 页。
④ 《安徽通志》,卷 102,第 15 页,第 19 页。
⑤ 《安徽通志》,卷 102,第 24 页。

(1853—1855 年),张乐行在屈服和反抗之间摇摆不定。① 这就解释了为什么宿州知州郭士亨在 1855 年三月时毫不犹豫地赦免了张乐行,并希望张乐行能再次站到政府这一边。② 从后面发生的事情来看,张乐行具有很强的组织能力,他的相对消极很有可能是 1853 年春至 1855 年秋之间捻军组织发展几乎停滞的原因之一。

一直到 1856 年一月,一个系统化的军事组织才最终形成。③ 但《豫军纪略》认为这一事实发生在 1855 年的秋天。④《方略》在一定程度上支持了《豫军纪略》的说法。它告诉我们,在 1855 年秋,捻军将大量的小的捻股合并成五大股,同年冬天,他们集结了五股的力量进攻河南,这五股的首领分别是张乐行、苏天福、龚得、王贯三以及侯实*。⑤ 笔者认为这些记载之间并没有矛盾之处。考虑到过去两年半的不断尝试和失败,我们不应期许捻军能在一夜之间创造出一个新的军事组织。因此,在它于 1856 年一月正式出现之前,必然已经经历了一些前期的尝试。《方略》中记载的有关 1855 年秋五股大捻的形成,可能正是捻军在数月后走向最终阶段的重要一步。这种推测也与 1855 年的实际情况相一致。

自 1855 年三月起,许多迹象表明张乐行又重新活跃起来,以
24 及捻军在淮北的军事活动进一步加强。⑥ 小捻间的地方械斗逐

---

① 《涡阳风土记》,卷 15,第 10 页。

② 《涡阳风土记》,卷 15,第 10 页。张乐行在这一时期表现消极的原因尚未完全查明,很可能是 1853 年一月雉河集之战的失败教会他需要等待一个更合适的时机来再次出击。

③ 《涡阳风土记》,卷 15,第 11 页。

④ 《豫军纪略》,卷 7,皖匪五,第 10 页。

* 亦作侯士维、侯世伟、侯实伟等。

⑤ 《方略》,卷 16 及卷 6。《湘军志》沿袭《方略》的记载,认为五股大捻形成的时间是 1855 年秋。

⑥ 《安徽通志》卷 103,第 2—7 页。

渐让位于大股捻对周边省份的大规模进攻，据书中记载，其旗帜排列长达数十里。[①] 这场战斗涉及如此庞大的队伍，如若没有一个严密的组织体系是不可能实现的。下文将对五旗军制进行介绍，它代表了捻军军事组织发展进程中的一个高潮。

1856 年一月，淮北众捻推举张乐行为盟主，号"大汉明命王"。[②] 依照规则，聚集在张乐行周围的队伍被划分成五大旗，分别用五种颜色加以区分：黄色、红色、蓝色、白色与黑色。每一大旗下又由五支不同颜色的镶边小旗组成。例如，黄旗下的五支小旗统一使用黄色旗帜，但旗帜再以与五大旗颜色相同的五种颜色镶边。[③] 旗帜及颜色的划分、各旗的首领以及各旗的分布地点总结如表 1[④]。

---

① 《方略》，卷 9，第 20 页。1855 年春天之后，淮北的军事形势发生了剧烈的变化，这可能是由于袁甲三在 1855 年三月的离任造成的；《安徽通志》认为，捻军的再次起义完全归因于中央政府对袁甲三的召回，因为袁甲三被认为是此时最有能力的官员，且捻军对其颇为忌惮（卷 103，第 2 页）；同时，淮南太平天国阵地的稳定，帮助捻军牵制了这一地区政府的主力部队。也许捻军阵营内部的变动也是原因之一，但现有的资料尚不足以证实这一点。

② 《豫军纪略》，卷 6，皖匪二，第 13—18 页。

③ 《豫军纪略》，卷 7，皖匪五，第 10 页；《安徽通志》，卷 103，第 7 页；《续编蒙城县志》，卷 6，第 5 页。

④ 与太平天国不同，捻军没有留下任何文字记录。这张表格的内容主要来源于涡阳与雉河集地方志中的图表，以及遭受捻军进攻的归德官吏向朝廷的上书。（《涡阳风土记》，卷 15，第 10 页；《豫军纪略》，卷 6，皖匪二，第 13—18 页）我们在使用这些资料时必须保持警惕，因为这些上书往往是在距离捻军几百里外的地方起草的，并且起草者对捻军怀有很强的敌意。在这里，捻首的真实姓名和绰号经常被混淆。只有五大旗的首领可以被准确地辨认出来。其他捻首，例如孙葵心、刘天福以及李允等亦是捻军中的重要人物，但相关资料并没有表明他们统领了哪些镶边旗，只是模糊地指出他们所属大旗的名称。对各旗的描述就更加不充分了。有些旗名出现时没有显示其领导者是谁，而许多领导者则没有被标记属于哪个旗。捻军首领的籍贯信息非常关键，它有助于我们确认该捻首所领导的旗的位置，然而，这样的信息甚至比各旗及其领导者的资料更加稀缺。有些资料中偶尔会提到他们的住所，但却不显示该地位于何处。有些情况下，不同的资料中同一个人被记录在不同的居住地。

25 **表 1　捻军旗制**

旗号		首领姓名	分布地点
黄旗		张乐行	张老家、雉河集、蒙城
		张宗禹（张乐行继承者）	张老家、雉河集、蒙城
		张慎德	曹市
	黄旗红边	胡玉山	
	黄旗白边	尹自兴	
	黄方旗	韩老万	
白旗		龚得	宫记寺、亳州
		江太林①	江老家
		孙葵心	
		程大道	江老家
	白旗蓝边	盛见如	
	白旗黑边	王怀玉②*	
红旗		侯世伟③	侯老营子
	红旗白边	李鹤领	牛坑李庄
	红旗黄边	周怀林	周家楼
	红旗黑边	田巘	永城
	红旗蓝边	王大位	

① 《方略》（卷 157，第 23—24 页）将他记录在红旗白边中，《豫军纪略》却将其归在白旗之下。他一直与白旗首领们并肩作战的事实证明，他不可能属于红旗。目前的困扰是，现有的资料并没有显示白旗下的哪一支镶边旗是由其指挥的。

② 《方略》（卷 157，第 23—24 页）将其记录在红旗黄边中。

* 史料中为“王怀义”。

③ 《豫军纪略》将其记录在红旗黄边下。但在《方略》中，一个名为侯实的人统领着红旗。依据我的判断，侯世伟与侯实是同一人。

续表

26

旗号		首领姓名	分布地点
黑旗		王贯三	王楼、三官集、夏邑
		罗克有	大罗家
		赵浩然	赵庄、买头、永城
	黑旗红边	邓作仁	
	黑旗白边	李如梅	
	黑方旗	张小明	
蓝旗		苏天福①	苏家寨
		刘天福②	孙河
	蓝旗黑边	李允	蒙城
		葛春	
	蓝旗白边	杨瑞英	高炉
	蓝旗黄边	周老明	
花旗	小花旗	雷彦	亳州
	大花旗	李廷彦	

在张乐行之下，大捻首们均自称旗主或副旗主。③ 隶属于大旗下的小捻首被称为捻头。这些头衔有时会引发困惑并造成一

① 《豫军纪略》中没有记载苏天福指挥着哪一支队伍，也没有给出蓝色大旗首领的名字。《涡阳风土记》将他归到黑方旗之下。《方略》中记载，他称自己为“旗主”，并于 1856 年率领蓝旗远征，与其他四位旗主平起平坐。方旗与三角旗是后期才出现的，但苏天福在开始阶段就是捻军大的首领之一。在未找到其他的否定证据前，我将接受《方略》的说法，即认为他是蓝色大旗的首领。

② 《山东军兴纪略》记载，刘天福率领蓝旗与黑旗多次进攻山东[卷 2(上)，第 14 页；卷 2(中)，第 4 页]，但是在书中的另一处记录中，刘天福被称率领着红旗[卷 3(下)，第 5 页]。

③ 《方略》，卷 24，第 11 页。

27 些误解，让人误以为捻军效仿太平天国建立了等级制度。确实，张乐行接受了太平天国授予他的沃王的称号，①许多大捻首也被太平天国封王，被授予诸如侯王、豫王、燕王、福王、安王、义王的称号，②但就捻军的组织而言，这种与太平天国的联系仍是非常表面的。如我们在五旗军制中看到的，捻军组织保留了它的完整性。如果说捻军和太平天国之间有任何相互模仿的话，那应该是之后的太平天国残部复制了捻军的作战艺术并加入了捻军。③

那么，这个独特的体系是从何而来的呢？捻军自身并没有给我们一个直接的答案，但其他地区采用类似体系的宗教起义者为我们提供了一幅清晰的画面。

我们向北看，在山东东部的莘县和邱县，有一群隶属于八卦教的教民，八封教是白莲教的分支之一。该教派分为八宫，每宫都取八卦中的一卦为其名号，并将它们分别与五方位(包括中)、五行、五色以及十天干联系起来。④ 例如，在该教派中，正北一宫名为坎卦，与北相关联。山东的教民严格遵循了这种命名法。如习坎卦的分支悬挂黑色旗子，⑤其营地命名为壬癸，壬癸是十天干中的两个。⑥ 另外四支也依照同样的模式来为他们的旗定色、

① 《方略》，卷 24，第 11 页。

② 张宗禹被授予梁王的称号，任柱被授予鲁王的称号。《太平天国史事日志》，附录 32，第 63—80 页。

③ 1864 年，太平天国遵王赖文光将步兵改为骑兵，编入捻军，因此，他得以死里逃生。他的同僚扶王、端王、启王都相继战死。(见下章)《豫军纪略》，卷 11，皖匪十七，第 1 页；《方略》，卷 216，第 67 页；《安徽通志》，卷 108，第 26 页。

④ 《平定教匪纪略》，卷 26，第 24 页。

⑤ 《山东军兴纪略》，卷 12(上)，第 3—4 页。

⑥ 同上，卷 12(下)，第 2 页。

命名。[1] 八卦、五方位、五行、五色、十天干通常以表 2 的方式进行组合：

表 2　八卦教命名体系 28

五方位	五行	五色	十天干
东	木	蓝	甲乙
南	火	红	丙丁
中	土	黄	戊己
西	金	白	庚辛
北	水	黑	壬癸

捻军采用彩色旗帜，特别是五色旗，并不是偶然的。他们也不是模仿太平天国，虽然太平天国也使用彩旗。在太平天国，黄旗留给了东王和西王。[2] 这种安排显然符合中国古代的惯例，即黄色是皇室的专用色。但这与五色崇拜毫无关系，五色崇拜是与五行和五方位相关的。在我看来，捻军的军事制度应该追溯到白莲教及其分支所持的教义。[3] 1853 年，在捻军的五旗军制形成之前，清军曾在剿捻所获的战利品中发现了印有八卦的旗帜。[4]
1856 年后，捻军用“先锋”“右营”“左营”等术语来代表小旗的分 29

① 八卦教中，西宫习乾兑，张白旗；东宫习震巽，张绿旗；南宫习离卦，张红旗；中心习坤艮，张黄旗。

② 张德坚：《贼情汇纂》，卷五，旗帜器械。

③ 八卦教与捻军的组织几乎在各个方面都有相似之处。1837 年，一名御史奏言，在五旗军制形成的三年前，八卦教徒“私立名号，各头目分掌教旗，或管百人，或数百人”（《宣宗成皇帝圣训》，卷 85，第 13 页）；五色旗的形式可能起源于捻军和八卦教的母教白莲教。（《圣武记》，卷 13，第 30 页）例如，他们将主力大部队称为“号”，白旗领导下的队伍称为“白号”。每号都可以在不同的地区独立作战。很可能，白莲教在 18 世纪 90 年代所建立的模式已经成为一种共享的遗产，被后继的教派分支所继承。

④ 袁甲三，奏议，卷 2，第 32 页。

布方位。[1] 这种分布方式还远不能展示捻军五旗军制内部组织的全貌，仅仅暗示了捻军对五方位的应用。捻军将旗帜分为五旗，不是四旗也不是六旗，是因为每一旗都根据其颜色被指定了一个固定的方位。据政府官员上报，除张乐行外，还有四名统帅分别对应东、南、西、北四个方向，共同统领着整个捻军。[2] 在这个案例中，方位的因素决定着捻军各旗的分布。因为采用了五方位的分布方式，大的捻旗也像小的捻旗一样被一分为五。这就保证了五旗军制下每个大旗都可以，至少是理论上可以，在机动作战时保持其方位不变。

除了概念上的影响外，实际情况的需要也促使捻军采用五旗军制。由于捻军首领很难将数以万计的独立捻股彻底地、迅速地集结起来，因此将它们系统性地纳入五旗军制似乎是一个可行的解决方案。各大旗控制着众小旗，而大旗捻首自身与作为盟主的黄旗首领拥有平等的地位。这不是人们第一次达成这样的妥协，在捻军之前，满人曾在发展满军八旗制度时用了同样的方式。

捻首们也不可能突然之间就将松散的队伍变成铁板一块。之前捻军组织中普遍存在的无规则特性并没有完全消失。在捻军的五旗军制中，我们有时会发现，两个身居不同地区的人或两个在不同省份作战的人却使用着相同的旗帜。[3] 同一颜色的旗帜由不同捻首独立指挥的事实表明，全军从来没有严格地遵从五

---

① 《豫军纪略》，卷 6，皖匪 2，第 13—18 页。

② 《方略》，卷 30，第 10 页。

③ 黄旗本该是由张乐行直接掌控的，然而张黄旗的部队却并非都集中在雉河集。张慎德与张慎聪两兄弟也举着黄旗行事，他们的军队驻扎在另一地——曹市。（《涡阳风土记》，卷 15，第 12 页）由表 1 可知，位于江老家的程大道同时指挥着白旗蓝边，驻扎地不明的盛见如也是白旗蓝边旗军的首领。蓝旗的葛春与刘天泰也是如此。

大旗的限制，以及每个大旗下的细分也必然超过了五个旗。之后，这种无规则性扩展到旗帜的颜色与形式。随着捻军的扩张，他们在原有的五色旗的基础上又增加了一面杂色旗。为了满足 30
日益壮大的队伍的需要，捻军又设计了一些新的旗帜——最初的旗帜是长方形的，之后又为新加入者创造了更加多样的方旗与三角尖旗。[①]

正如一支完整的军队是由一定数量的大部与细部组成一般，包括骑兵在内，每一小旗的人数被设定在两千到四千之间。[②] 如此，一个大旗的最大容量就被固定在两万人左右。不过，既然捻军并无倾向去严格限制旗的数量，那又怎么能期望他们可以控制单个旗的大小呢？

在作战时，经常可以看到捻军集结五大旗向同一个目标进攻，目的是通过覆盖更大的区域来索取必要的生产资料。[③] 不过，在一般情况下，只会有二到三个旗联合出动。有些时候，当白旗、蓝旗、黑旗在山东作战时，淮河沿岸也会发现同样颜色的旗军。[④] 即使在同一个战场上，同样颜色的旗军也会出现在不同的位置，战斗的时间长短也不尽相同。[⑤]

撇开这些异常情况，捻军至此已经形成了制度化的军事组织，而不再是一个由众多独立捻股临时聚集起来的团体。从这时起，捻军不再称呼其军队为“一捻”，因为这个词象征着松散的组织。他们将其军事建制命名为“旗”。五旗军制为捻军提供了一个由最高统帅统一指挥的军事框架。虽然张乐行只是直接控制

① 《方略》，卷157，第23—24页。

② 《方略》，卷24，第11页；卷127，第16—19页。

③ 《方略》，卷13，第15页；卷15，第6页。

④ 《山东通志》，卷117，第3324—3325页；《方略》，卷56，第4—5页。

⑤ 《山东军兴纪略》，卷3（上），第12—15页。

着五大旗中的一旗，而他的头衔也正如其他首领所公认的，只不过是“盟主”。但是，将黄旗分给张乐行体现出他的最高地位。[①]根据白莲教的教义，黄色在五方位中代表着“中”，[②]因此，这是一个将他与其他旗区分开来的标志。此外，“大汉明命王”的称号早已表明了张乐行在捻军中的至高等级。事实亦是如此，虽然其他旗的首领偶尔也会单独采取行动，但在通常情况下，捻军的大
31 多数成员还是会服从张乐行的意志。1858 年，张乐行手下掌控的人数达到了十万。[③] 仅黄旗本身是无法控制人数如此巨大的军队的。

毫无疑问，与 1853 年一月时难以计数的捻股相比，捻军五旗军制的建立是其组织制度上一个显著的进步。此时，张乐行面临着比 1853 年严峻得多的考验。袁甲三集结了三省的兵力，企图一劳永逸地、彻底地消灭捻军。[④] 以与 1853 年同样的方式，张乐行再次被赶出了雉河集。但是，这次战败之后发生的事情与上次失败后截然不同。张乐行不仅没有主动投降，反而在几天的时间内，便在此役后仅存的四百余人的基础上重新组建出一支上千人的队伍，[⑤]并在接下来的两年中几乎征服了整个淮北地区。[⑥]

张乐行得以在此次战役中幸存并进一步扩张证明了这个改

① 《安徽通志》，卷 103，第 7 页；《豫军纪略》，卷 6，皖匪二，第 13—18 页。

② 同样的情形也存在于八卦教中：八卦教教首张善继，后成为该教总头目，执黄旗……凡加入该会的村民都称其组织为白莲社。[《山东军兴纪略》，卷 12（下），第 2 页] 同时，我们发现，由张善继直接控制的队伍号称“中央戊己土”，一个结合了方位、天干以及隐含黄色元素的名号。[《山东军兴纪略》，卷 12（上），第 9—10 页] 因此，代表着“中”及“土”的黄色往往是为“总头目”而保留的。

③ 《方略》，卷 53，第 17—18 页。

④ 袁甲三，奏议，卷 8，第 30 页。

⑤ 《方略》，卷 18，第 12 页。

⑥ 《方略》，卷 47，第 23—24 页。

进后的军事组织正在发挥着作用。自 1856 年起，四散在各地的捻股终于在五旗军制下找到了它们可以真正团结的中心。捻军权力的基础自此从一个较低的组织层次提高到一个较高的层次，从当地武装提高到地方势力的层次。与此同时，张乐行对其事业的热忱表示出捻军首领们对尊严、权力以及物质利益欲望的不断增强。张乐行“大汉明命王”的头衔表明，捻军有推翻现存的非汉人政权的意图。① 遗憾的是，这个自命不凡的头衔无法帮助我们更准确地理解捻军的意识形态。②

① 中国人通常称自己为汉人，意在与周边文明程度较低的蛮夷加以区分。因此，这个头衔暗示了捻军的民族意识。

② 在 1853 年，五旗军制出现的两年之前，捻军首领张茂已经自称为“西怀王”。(《续修庐州府志》，卷 22，第 4 页）在官军与捻军的交战中，也曾缴获书有“兴国天子”字样的战旗。（袁甲三，奏议，卷 2，第 32 页。）

第三章　捻军的圩寨社区

32 1855年后,捻军在对抗他们的敌人时有了统一的力量,而不再像之前一样只能依靠当地暴动的百姓。这台新的军事机器并不是建立在脆弱的基础上的。如果它的创造者没有一个牢牢掌握在自己手中的控制区域,可以从中源源不断地获得人力补充及其他维持生计的资源,那么这台军事机器就无法持久地运转。因此,与军事制度的进展相对应,其控制区域也不再是无组织的。

圩寨为捻军提供了整合与巩固其控制区域的主要方式。圩寨虽然不是捻军的发明,但却以一种独特的方式与捻军的历史联系在一起,因为捻军善于利用它们,并以它们为基础建立起自己的力量。在淮北地区,开阔的淮北平原上流淌着的淮河支流使该区域内各地之间以及各地与外界之间的交流都极其便利。圩寨的出现改变了整个画面。无数的堡垒取代了曾经四通八达的平原,可通航的河流成为沿河两岸天然的屏障。① 安徽当局发现,即使在和平时期,这个位于安徽西北角的地区也经常会脱离他们的严密控制。如今,这个角落被大大地加固了。在1856年之后的九年里,它完全脱离了政府的统治。

① 《方略》,卷68,第4—5页。

沿着村庄四周修筑圩寨的方式使将村庄变成防御据点成为可能。通常情况下，土是修建圩寨的主要材料，后来砖块取代了土。[1] 在外墙的顶端会增加一排栅栏，在它的外面还会挖一两条沟渠。墙高通常一丈有余，而壕沟宽则约为两丈。[2] 除了墙上密布的炮眼外，其内侧还装有炮台。圩寨四面布置得极为周密，可以独立承受敌人的任何围攻或袭击。但一般情况下，三四个圩寨社区会组成一个防御联盟，以在必要时相互援助。[3] 若一个圩寨受到攻击，其他圩寨就会袭击敌人的侧翼或后方。清军耗时数月来攻克一个圩寨的情况并不罕见。但是，往往在他们全力攻破一个圩寨后不久，其周围就会迅速再立起两到三座圩寨。[4] 尽管这里只有平原和河流，但只要无法克服这些圩寨的防御力量，那 33
么捻军的控制区域仍然是难以逾越的。

1853 年，太平天国起义军直逼安徽境内，这是淮河流域修筑圩寨的直接原因。在省城安庆沦陷后，全省人民纷纷筑土为圩，将粮食囤于圩内，并备枪械练兵以自卫。[5] 这项措施于 1855 年得到两江总督怡良[6]（1791—1867 年）的批准[7]。在该省最高权威的鼓励下，圩寨如雨后春笋般拔地而起。

为捻军提供避风港的淮北各村寨充分利用了这一机会。这里也出现了同样类型的圩寨。然而，我们不知道捻军何时修筑了第一座圩寨。1856 年，清军在抵达雉河集时遇到了圩寨防御工

---

① 《方略》，卷 208，第 26 页。
② 袁甲三，奏议，卷 7，第 28 页。
③ 同上。
④ 袁甲三，奏议，卷 13，第 51 页。
⑤ 《方略》，卷 208，第 26 页。
⑥ 恒慕义，第 389—390 页。
⑦ 《方略》，卷 11，第 5 页。

事的抵抗，这件事为我们了解捻军筑圩的开端提供了一些线索。[1] 这表明，捻军修建圩寨的时间不会晚于1856年，因为试图入侵的清军发现，这里不仅有环绕村镇而建的圩寨，同时还有横跨涡河的堡垒。这样的防御系统一定是在敌人到来之前便早已经形成了的。

敌人还是来了。清军的到来表明，此时捻军的“老巢”虽然能够自我防御，但还没有扩大到一定的面积，还不能在数百里外便拦截进攻者。捻军没能在1856年做到这一点，一方面是因为他们还没有吸纳周边的圩寨社区，另一方面是因为捻军的圩寨依旧非常分散，在这些圩寨周围还有许多敌对或保持中立的村庄。吸纳周边圩寨以及清除附近的敌对村庄需要的不仅是更多的武力征服，还需要更好的组织能力。捻军花费了三年时间才完成这项任务。1856年到1859年，捻军真正投入精力且最能代表其成就的不是他们在远距离的作战，而是他们对根据地的巩固工作。

第一部分第二章的表1显示，捻军各旗主的居住地集中在涡河盆地两侧。它们覆盖了蒙城西部、亳州东部、宿州西南部以及永城东南部（见图2）。[2] 这些都是被称为捻军“老巢”的地方。
34 从这里起，捻军先过淝河，接着西进沙河，再进一步到达东边的浍河。[3] 沙河和浍河可以看作是捻军老巢的边界。这两条河流之间的部分是捻军的心脏区域，通过那些被捻军转化的圩寨社区彼此连结。在这两条河流之外，捻军所控制的社区越来越分散。再远一些的地方则是他们掠夺的目标。

---

① 《方略》，卷17，第16—17页。

② 袁甲三，函牍，卷1，第34页；《方略》，卷129，第18页。

③ 《方略》，卷68，第4—5页。

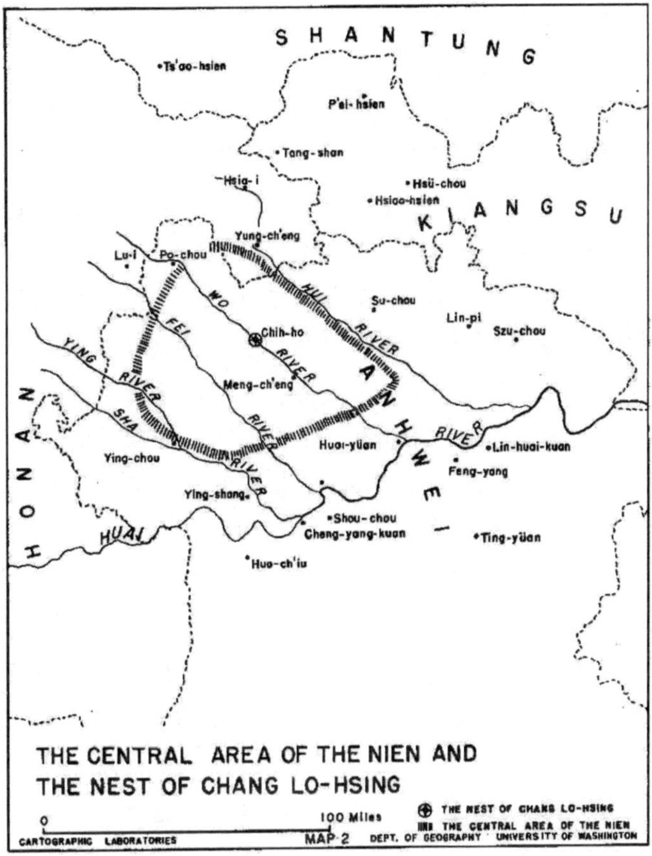

图 2　捻军中心统治区域及张乐行的“老巢”

到 1858 年夏天，难以计数的捻军圩寨覆盖了大约四万五千平方里的地区，其范围北到宿州，南达临淮，西及亳州，东至灵璧。[①] 在这一区域的南缘，“捻首张乐行、龚瞎子（龚得）等，盘互怀、凤，控扼长淮，自南而北，讫于蒙亳，横亘千有余里，中跨三城，

① 袁甲三，奏议，卷 8，第 7 页。

以为藏身之固；周遭数百里，匪巢难以数计，翕辟相关，有击首尾应，击尾首应之势。”[①]

这样的说法有夸大的成分。由于写下这段话的袁甲三想获得更多的增援以及更多的饷银，因此夸张地对比了捻军与他自身的情形。上面这段话只模糊地划出了捻军的边界，且他所使用的关于长度的数字也不准确。捻军在上述广大地区的扩张，并不代表着对整个淮北地区彻底的征服。袁甲三本人也承认，在 1858 年，徐州一带的村庄仍在清政府与捻军之间摇摆不定。[②] 捻军“窥伺”并占据了灵璧和泗州（宿州以西的区域），但他们从未在那里实现过永久占领。到 1862 年末，实际上的捻军巢穴几乎只延伸到宿州西南。换言之，在东侧，捻军的统治基本没有越过浍河。1859 年，安徽巡抚翁同书[③]（卒于 1865 年）遗憾地说道，尽管可以看到阻止沙河南岸人民加入捻军的机会，但赢得淝河与沙河之间的人民却是绝无可能。[④] 这表明，沙河即捻军控制区域的西沿。在北侧，江苏的丰县、沛县及山东的单县、曹县自 1857 年
35 起年年都遭受捻军的进攻，但这些城市对于捻军来说只是其通往富饶的山东南部的必经之处。[⑤] 在南侧，淮河没有像政府官员所想象的那样，宽阔到足以阻挡捻军的推进。怀远、凤阳、定远这三座位于淮河南岸的城市被攻陷后，又为捻军新增添了众多的圩寨社区。[⑥] 但这些新征服的圩寨只有在这三座城市掌握在捻军手中时才为其所用。当清军于 1859 年收复怀远、凤阳，于 1861 年

---

① 《山东军兴纪略》，卷 2（下），第 1 页。

② 袁甲三，奏议，卷 9，第 30 页。

③ 恒慕义，第 858—859 页。

④ 《方略》，卷 68，第 4—5 页。

⑤ 袁甲三，奏议，卷 9，第 30 页。

⑥ 《方略》，卷 72，第 18—19 页；袁甲三，奏议，卷 11，第 11 页。

收复定远后,依附于这些城市的圩寨也相应地易主了。[1] 在凤阳以西,捻军与寿州练总苗沛霖的地方团练相对而立。[2] 捻军在那个方向上的任何占领尝试都注定要失败。

捻军在各个方向上遇到的扩张阻力并没有降低捻军在安徽西南部的优势地位。相反,这些阻碍给捻军提供了进一步巩固其位于沙河与浍河之间的大本营的机会。这项工作开始于 1855 年之后。那时,袁甲三手下的清军控制着整个淮河沿岸,从三河尖到清江浦,其影响力一直延伸到徐州与宿州一带。[3] 从袁甲三的驻地临淮派出的军队,仍然可以毫不困难地从涡河与浍河间的圩寨中抓捕到捻军首领。1856 年,以雉河集为中心,方圆几百里的人民开始站在捻军一边,[4]虽然其中依然有效忠政府的部分人存在。[5] 一年后,这些为数不多的忠于朝廷的人也走向捻军这边。1858 年是捻军巩固其大本营的关键一年。这一年,捻军在淮河一带占据了上风,同时他们所处的位置为其与南方太平天国的合作创造了可能。但在这个节点上,捻军真正的成就并不是向南扩张,而是内部的整合。这一次的内部整合建立在捻军对淮河流域众多城市的占领之上。捻军从农村向城市的推进使他们的敌人大为震惊,以至于当局对捻军在后方真正的胜利视而不见。1857 年到 1859 年,钦差大臣胜保[6](卒于 1863 年)将其全部的兵力都集中在对城市的围攻上。[7] 因此,两年的时间里,捻军成功地将

---

① 袁甲三,奏议,卷 11,第 25 页;卷 16,第 32 页。

② 见第二部分第一章。

③ 袁甲三,奏议,卷 8,第 7 页。

④ 《方略》,卷 16,第 23 页。

⑤ 《山东军兴纪略》,卷 2(上),第 13—14 页。

⑥ 恒慕义,第 508 页。

⑦ 《方略》,卷 37,第 14—16 页;卷 47,第 23—24 页;卷 48,第 16—17 页;卷 49,第 10—11 页;卷 56,第 1—2 页。

清军的主力牵制在淮河沿岸，这为他们家乡圩寨的稳定和巩固工作提供了充足的时间。

36 1858 年夏，张乐行留其军队在南部继续与胜保作战，而他自己回到雉河集老巢。他的归来使整合圩寨社区的任务加速并最终完成，至此，这一区域内的圩寨都紧密结合在一起，形成铁板一块。[①] 之后，张乐行在涡河南岸继续其净化圩寨的工作，再接着，他转向前往西北侧，最后是北侧进行相同的工作。[②] 在这些地区，他不仅确保了老捻的忠诚，而且争取到了许多新的圩寨的支持。在东南部，即浍河南岸，他要求二级捻首如任乾、李大喜、李允等增强他们的防御能力，并清理南至凤阳与怀远途中的所有障碍。这样，浍河各圩寨中的粮谷便可以源源不断地接济这两座城市。[③] 这种供应使得这些城市可以长时间地抵抗清军的围攻，而长时间的抵抗反过来又使位于南部（淮河流域）的胜保军队与位于北部（宿州）的袁甲三的军队无法联合起来，从而使捻军获得更多的时间来完成安定老巢的工作。捻军在这方面的成果是惊人的。如果说在 1857 年，在捻军的汪洋大海中，依然有零星的村庄像分散的岛屿一般保持着中立，[④]那么等到 1859 年，这些中立的岛屿都覆没了。[⑤] 这一年，政府官员重新收复了淮河流域的城市，但一直到 1863 年，他们都未能染指捻军的中心控制区域。

捻军有时采取武力来整合他们的控制区域，张乐行通过袭击和破坏来制服持续抵抗的民圩。[⑥] 但武力并不是捻军采取的唯

① 袁甲三，奏议，卷 8，第 24—26 页。

② 同上，第 26 页，第 32—33 页。

③ 同上，第 46 页。

④ 同上，卷 7，第 21 页；《方略》，卷 26，第 6 页。

⑤ 《方略》，卷 9，第 15 页。

⑥ 袁甲三，奏议，卷 8，第 24—26 页。

一手段，他们通过其组织赢得了大多数村庄的支持。通常来说，人们都是通过先占领某地，然后在其上建立驻军力量的方式来实现对该地的征服。在这种情况下，所谓的占领只能在驻军一直坚守的情况下持续。捻军对淮河沿岸众城市的控制即采取了这种方式，但这种对太平天国在安徽中部做法的模仿很快就宣告失败了。在淮北，捻军有着自己独特的方式。在这里，他们没有派军队进行任何形式的占领，只是以涡河南部的据点为核心，将他们的统治一直延伸到敌人军事基地的边缘。那么，这个过程是如何完成的呢？他们是如何将外围的圩寨社区纳入其体系中的？他们又是如何同化这些摇摆不定的“岛屿”的呢？

在准备起义的阶段，捻军已经诱使许多人加入他们的秘密社 37
会，并以这种方式来增加捻股的数量。但这一阶段后，吸收成员是以一种完全不同的方式进行的，其目的也与之前截然不同。捻军开始吸纳整个村庄的加入而不只是个人的追随，其目标也不再只是扩大捻股的规模，而是扩大他们的控制区域。他们用来吸引追随者的方式也不仅仅是许诺以部分战利品了。

在这种情况下，一个村的百姓会集体倒向捻军吗？山东巡抚谭廷襄[1]（卒于1870年）解释道：“良民柔懦，力不能抗，故一圩入贼数人，莠民先从，良民不得不俯首帖耳，居然有众数千，闭栅拒守，俨然全圩皆贼。”[2]这样的言论是肤浅的。除非考虑到新的因素，否则不论何种解释都是不完整的。这个可能导致整个村庄集体倒向捻军的新的因素是地方团练的建立。团练和圩寨一样，并不是什么新鲜事物，它们也并不仅存在于安徽西北部。事实是，组织地方团练与修建圩寨是政府当局为了应对太平军抵达安徽这一新形势

① 恒慕义，第428页。

② 《山东军兴纪略》，卷18（下），第7页。

而采取的两项措施，而恰好练总对圩寨的控制实现了捻军的目的。

王定安对此作了很好的描述：

> 咸丰中，粤贼踞安庆，凤、颍、蒙、亳之间，捻逆蜂起，居民筑圩堡自卫，聚粮储兵，（当地人）择诸少年豪侠习技击，而以一人总其事，谓之练总，一圩之事咸取决焉，贼至，登陴守望或助官军出濠击贼，亦时与邻圩争雄，长相攻伐。每秋熟时，练总率队刈获，与田主中分之，田主不能私有其产……①

38 这表明，在捻军将政府权力驱逐出他们占领的区域之前，地方政府早已放弃了他们的权力。地方政府还允许练总成为圩主，即圩寨社区的首领。这样，练总便不仅拥有该圩寨的军事指挥权，还成为该圩寨的最高管理者。为了巩固他们的权力，政府同意圩主自行增加税收以练团。一些圩主从田赋中获得其所需资金，也就是说，他们根据土地的大小向土地所有者征收钱粮；②还有一些征收“额外地税”（supplementary land taxes），将常规的田赋（regular land taxes）留给政府，但后来，常规田赋也为他们所扣留。③ 政府官员在安徽西北部及山东南部坚持课税纳粮时，常常遭到村社的武装抵抗。④ 如上所述，圩主与土地所有者之间平等分配土地收益可被看作是其筹措资金的方法之一，也可以视为圩主财政权的决定性发展。

一些圩主的权力并不局限于他们所在的圩寨社区。团总控制

---

① 王定安：《求阙斋弟子记》，卷15，第1页。

② 《山东军兴纪略》，卷20（下），第5页；卷20（中），第6页。

③ 同上，卷14（下），第5页；卷22（上），第6—10；卷22（下），第4页。

④ 《山东军兴纪略》，卷22（中），第8—9页。

着除他自己所在之处以外的另外三到四个村庄。[1] 在他之上，练总控制着数个团总，进而控制着几十个甚至上百个圩寨社区。另一方面，地方政府部门的权力一直在萎缩，其权威最终被限制在城市高墙之内，并一直受到墙外圩寨的威胁。由于政府权力的削弱，农村的百姓发现，团总与练总才是能直接处置其生命与财产的人。[2]

当捻军决定占领一个圩寨社区时，他们就必须考虑圩寨背后的团练首领所扮演的角色。他们明白，若想获得一个圩寨，最简单的方法就是争取到掌控该圩的练总的支持。只要能够保证与有权势的练总的合作，整个圩寨就只能服从。捻军所要做的就是向该圩发旗，作为加入捻军的标志。[3] 有时一些练总拒绝向捻军屈服，在这些情况下，暴力是不可避免的。在 1855 年与 1856 年，张乐行杀死了雉河集周围所有协助清军的练总。[4] 以此为起点， 39
他歼灭了蒙城西与蒙城东诸练。但大多数的地方团练是和平转向捻军一方的。[5] 他们被策反部分是因为他们没有能力或不愿意对具有压倒性优势的捻军进行毫无意义的抵抗。此外，鉴于其自治地位的发展在任何情况下都与政府权威相背离，他们认为与捻军的合作可能是将其权力永久化的最佳途径。

需要通过武力或游说去争取的是那些之前没加入捻军的练总。在捻军控制的区域里，一些捻军首领早已抓住了练总的位置。我们已经看到，在起义前夕，张乐行和苏天福已利用村庄间

---

① 《山东军兴纪略》，卷 22（上），第 6—10 页；《方略》，卷 207，第 19 页；卷 208，第 19—20 页。

② 王闿运，卷 16，第 2 页；《方略》，卷 207，第 19 页；《山东军兴纪略》，卷 22（上），第 10 页。

③ 袁甲三，奏议，卷 9，第 15 页。

④ 《涡阳风土记》，卷 15，第 10 页；《续修蒙城县志》，卷 6，第 5 页。

⑤ 袁甲三，奏议，卷 8，第 32—33 页；《山东军兴纪略》，卷 2（上），第 13—14 页。

的敌对情绪掌握了村庄的领导权。1853 年,政府鼓励组织地方团练以对抗日益逼近的太平天国,在这种情况下,许多捻股"托名团练",[①]时刻准备着伏击清军。如果政府信任他们,并在联合进攻捻军的行动中向他们寻求帮助,这些伪装的团练便从中作梗,"瘫痪"政府的兵力。1857 年,以防御为由,亳州、蒙城、颍州一带的众多圩寨都组织了武装部队。[②] 山东也采取了同样的方式。某位官员将该省动乱的根源归咎于地方团练的设立,理由是政府组织的团练反被捻军变成为他们服务的力量。[③] 即使领导权被捻军控制,这些地方团练依旧对政府表现出友好的态度,以避免在不利情况下的冲突。但事实是,在捻首被赋予了从圩寨中征募成年男性以组建团练的权力起(征募人群同时包括捻军成员及普通百姓),团练的控制权便已经为捻军所攫取。因此,组建团练成为捻军控制圩寨最便捷的方式。一旦将控制权完全抓在手中,这些所谓的地方团练便放下了一切伪装。1858 年,在张乐行从淮河流域回到家乡时,他们公开地响应了他的号召。1857 年,袁甲
40 三还曾对捻军统治区域内一些地方团练的畏缩和摇摆感到惋惜。[④] 但到如今,仅仅间隔了一年,他的惋惜就变成了无法挽回的悲痛。那些"畏缩且摇摆"的地方团练都不见了,"团练"这个词也从捻军的中心统治地带永远地消失了。[⑤]

与此同时,捻军得到了农民的同情。除了对财物的渴求外,捻军被人民接受的诸多原因可以从人民的需求与地方官员的本质上得到解释。正如前文中多处所提到的,地方官员及其下属在

---

① 袁甲三,奏议,卷 2,第 38 页。

② 同上,卷 7,第 21 页;《方略》,卷 26,第 6 页。

③ 《方略》,卷 172,第 31 页。

④ 袁甲三,奏议,卷 7,第 21 页。

⑤ 同上,卷 8,第 32—33 页。

百姓眼里已经面目可憎,且他们无力应对起义的发生。于是,当起义接连爆发而地方官员们却持续表现出无能为力的样子时,百姓对当局的态度便从仇恨变成了蔑视。① 另一方面,捻军并不像人们想象中的那般凶残。随着时间的推移,他们对捻军越来越熟悉。② 于是他们开始思考,这支起义军是否能够帮助他们摆脱那些可憎的官员。我们还知道,自 1853 年到 1862 年,安徽省几乎连年发生饥荒。处于饥饿边缘的农民由于未能获得政府的救济而陷于绝望之中。事实上,官员们发现养活自己的士兵和乡勇都已是极困难的事了,他们又怎么会匀出粮食来提供给农民呢?③

捻军精准地满足了农民的这些需求与愿望。他们在攻入一座城市后,很少会惊扰平民百姓,他们做的第一件事情是打开监狱的大门。④ 如果有官员未能提前逃走,那么等待他们的命运就是在人民面前接受羞辱,甚至死亡。⑤ 捻军有时也会帮助人民报复那些使他们遭受痛苦的地方官员。例如,颍州的两名县差曾从城西某村中逮捕一名罪犯,该犯经地方官审讯后被处死。之后,有谣言声称罪犯亲属意欲实行报复。这两名县差旋即率人前往该村,不分青红皂白地焚杀了村中数百人。于是,愤怒的人民推选捻首李奉作为他们的领袖,约众进城,誓要攻破颍州,纠正冤案。⑥ 由此事可以看出,捻军的策略是利用一切机会来获得农村中的领导权,并以此来孤立城市。到了 1858 年,在位于沙河与浍 41
河之间的捻军控制区域中,所有政府的势力都被清除了。巡抚贾

① 《山东军兴纪略》,卷 14(下),第 5 页。
② 同上。
③ 《涡阳风土记》,卷 20,第 8 页。
④ 《确山县志》,卷 20,第 7—8 页;《方略》,卷 3,第 12—13 页。
⑤ 《方略》,卷 3,第 12—13 页。
⑥ 袁甲三,奏议,卷 2,第 25 页。

臻描述了颍州的危难："一出城关，即为异域。"[①]其他位于这一区域的城市，如蒙城、亳州以及太和，都和颍州一样被孤立了。[②] 如果有哪些城市仍掌控在政府手中，那并不是因为该城官员很好地履行了其驻防职责，而是因为一些对捻军心怀不满的练总认为，维系和保卫这些城市更有利于满足他们自己的利益。

救济饥民是获得人民效忠的关键，而捻军从来都没有错过这个机会。他们不仅发粮给家乡的贫困百姓，也为江苏、山东交界的贫民提供食物。[③] 1860 年，涡河与淝河暴发洪水，致使数十万人无家可归，沦为流民。是年，大量饥民被收编入捻。张乐行之兄张敏行抓住了这个时机，募集了十多万人加入他的队伍。[④] 官员们指责捻军"强迫"或"威胁"饥民加入其中。[⑤] 然而，通常情况下，如果一个人能给饥肠辘辘的人以帮助，那么他是很容易赢得这些饥民的支持的，这其中并不需要强迫抑或威胁。这就是为什么政府官员们在指控捻军以武力裹挟百姓加入的同时，也不得不承认捻军控制区的大量人民积极响应着捻军的号召的原因。[⑥] 但是，如果没有充足的粮食供应，捻军也不可能持续地进行救济工作。抢夺政府的米车是获取粮食的一种方式，但抢掠并不是长久之计。[⑦] 因此，捻军自然而然地在其家乡强调谷麦的生产。[⑧]

---

① 袁甲三，函牍，卷 1，第 36—37 页。

② 《山东军兴纪略》，卷 2(上)，第 2 页。

③ 《方略》，卷 3，第 4 页，第 10 页；卷 22，第 30 页，第 32 页；卷 27，第 16 页。

④ 同上，卷 83，第 2—3 页。

⑤ 同上，卷 22，第 32 页；卷 27，第 16 页。

⑥ 袁甲三，奏议，卷 8，第 24—26 页。

⑦ 《方略》，卷 3，第 4 页。

⑧ 分发粮食的行为表明，此时土地的所有权仍在原来的土地所有者手中。如果捻军朝着土地再分配走出任意一步，他们就会用土地而不是粮食来吸引百姓。

歉收不仅会阻碍新成员的加入,还会使老成员失去斗志与忠诚。政府也看到了这一点。因此,在捻军控制的边缘地区,他们一项重要的任务即是对收成的争夺。[①] 每年的收获时节,捻子们通常 42
都留在家中。即使需要外出作战,他们也不忘派回部分队伍来保护家园及收割庄稼。清军使出了浑身解数试图摧毁捻军的粮食供应,他们或直接焚烧捻军的粮仓,或直接摧毁在田里的庄稼。但是,每当清军尝试这样做时,他们发现自己会遭到两方面的伏击——圩内的捻军以及圩外隐藏在周围村庄中的武装力量。[②] 如果说在这个时期,有哪些士兵处于饥饿边缘的话,那他们一定是安徽的清军,而不是捻军。捻军的策略是保有充足的食物以维持他们的新老成员,这不仅在扩大和稳定其控制区域方面发挥了重要作用,而且决定了在 1863 年以前他们与政府较量的结果。

通过利用当地团练以及赢得百姓的同情,捻军在 1858 年完成了其控制区域的组织工作。但圩寨的意义绝不仅限于决定了捻军控制区域的扩张和巩固,它们也决定了捻军统治的特点。

在大环境的压力下,各省政府鼓励农村修筑圩寨,并在圩内组织地方团练。从一开始,圩主,同时也是团练首领,就有权为他的团练征募乡勇及筹措资金。之后,地方官员进一步授予了他们征收地税、处理词讼的权力。[③] 到最后,所有的政府权力都被他们接管了。各圩中,圩主集军事、行政、财政权力于一身,圩寨就像一个坚固的公国。捻军对领导权的夺取从未改变过圩主们的地位。从始至终,捻军老巢从未派人去取代这些新加入的、势力

① 袁甲三,奏议,卷 7,第 15 页。

② 袁甲三,奏议,卷 7,第 23—24 页;卷 8,第 1—17 页。

③ 《方略》,卷 208,第 19—20 页;《山东军兴纪略》,卷 20(上),第 6—10 页。

强大的圩主的位置，更不用说那些一开始便由捻军自己控制的圩寨了。每个圩寨都在自己圩主的领导下保持自治，就像当年站在
43 政府一边一样。① 唯一的不同是，现在圩主们承认张乐行为他们的盟主，并愿意将他们所训练的乡勇与捻军的五旗军制相融合。在和平时期，圩主们各统其众，各居其巢，相互之间并不交往。② 考虑到捻军的五旗军制，人们应该不会再惊讶于这种自治的形式，它们共同组成了捻军的统治。在五旗军制中，捻首们保留了相当大的行动自由。事实上，在整个捻军区域内，每个分支下的行政首领与军事首领往往由同一个人担任。其在军队中的独立地位以及在圩寨中的自治地位体现了一件事的两个方面。

与早期的捻军组织相比，无论五旗军制多松散，都是向前迈进了重要的一步。同样地，由大量圩寨组成的统治虽然没能在一个中心政权下严密地组织起来，但与曾经分散的村庄相比，也向前迈进了很大一步。如今，每个圩寨社区都是捻军控制区域的一部分，圩寨内的每一支武装力量都是五旗军制下的一个分支。

在河南和山东，两省的军队都忙着保卫自己的边界，因为它们时常受到捻军的进攻。③ 在南部，胜保正集中主力围攻淮河流域各城市。此时，唯一明确与捻军打交道的清军是袁甲三的军队。1856—1857 年，他曾多次在捻军控制区域的边缘地带试探圩寨的防御力量。④ 但是，捻军在濉溪口的反击使袁甲三元气大伤。濉溪口是袁甲三宿州驻地的前哨，这次反击带给了他灾难性

① 官方记载中常常控诉捻军强迫圩主加入他们，但从未提到过捻军有从老巢派自己人来管理这些圩寨或取代现有圩主的行为。

② 《方略》，卷 127，第 16—19 页。

③ 袁甲三，奏议，卷 13，第 51 页。

④ 袁甲三，奏议，卷 13，第 17 页。

的失败，自此，他放弃了“根剿捻巢”的愿景。[1] 之后，他转而采取防御措施，理由是捻军的巢穴中心距离他的宿州驻地太远，并且对于他弱小的部队来说，捻军也太过于庞大了。[2] 他的军队确实太弱了，以至于无法发动任何有效的进攻。1856—1859 年，他所指挥的步兵与骑兵的总数只有 1854—1855 年三省联军进攻雉河集时的三分之一。[3]

然而，军事力量本身并不能说明全部情况。袁甲三也承认，在后期，捻军地区的整个面貌都发生了变化，但他却没能在这一事实中看到问题的关键。即使此时他有足够的兵力去挑战捻军巢穴，他也只会遭到比濉溪口之战更为严重的失败。因为经过三 44
年的努力，捻军已经成功地把沙河与浍河之间的地区巩固成一个坚不可摧的地带。[4] 在此范围内，所有的人心都在捻军这一边。[5] 百姓对捻军的战争事业给予了充分且积极的支持，只要清军突破他们的防线，人民便会联合起来进行抵抗。因此，虽然圩寨社区不是捻军的创新，但他们却以一种全新的方式对其进行了利用。

---

① 袁甲三，奏议，卷 9，第 23 页。

② 同上，函牍，卷 1，第 6 页。此时，袁甲三所能做的就是将捻军“逼回老巢”。（同上，卷 1，第 9 页）

③ 同上，奏议，卷 8，第 51 页。

④ 安徽巡抚李续宜称，捻军治下的圩寨多达两千余座（《方略》，卷 147，第 29—30 页）。当然，这个数字还包含了捻军中心区域以外的圩寨，并且其数量随着时间而变化。例如，凤阳一带的圩寨社区本来已经从捻，但在 1859 年袁甲三收复了这座城市之后又转而站回了清军一边（袁甲三，奏议，卷 11，第 25 页），定远一带的圩寨在 1861 年也做了同样的事（同上，卷 16，第 32 页）。若只考虑捻军的核心统治区域，那么依据现有资料，蒙城、亳州、颍州的农村地区只有不到一百座圩寨（《亳州志》，卷 8，第 34 页）；浍河南岸大约有一百余座圩寨（同上，卷 8，第 7 页，第 24—26 页；卷 18，第 33—35 页）；涡河和淝河沿岸则有数百座圩寨（《方略》，卷 83，第 2—3 页）。总的来说，捻军核心区域的圩寨社区远少于两千座。

⑤ 《方略》，卷 48，第 22 页。

任何认为捻军是“游匪”的假设都是错误的。他们有稳固的老巢,并往往不惜任何代价来保卫其巢穴。他们早期在山东与河南游荡,是为了通过掠夺这些省份来使他们的老巢更为富足。1863 年后,捻军在八省中四处漂泊,是因为僧格林沁持续的追捕使他们没有任何可以休息的机会。之后,曾国藩的政策进一步阻止他们回到自己的家乡(详见下一部分)。在那些年,捻军的行踪证明,在最终被歼灭于黄河与大运河之间的封锁圈之前,他们都一直在为返回家乡而不断努力。

第四章　捻军组织的成员构成

在捻军起义中，捻首们发挥的作用尤为重要。纵观所有关于捻军的文献，“捻首”一词在捻军活动的各个方面都被反复提及。事实上，捻军的政治及军事组织并不像太平天国那样成熟，他们大部分的活动都依赖于其所属首领的主动性，而非通过成熟的制 45
度来进行管理。此外，一个人往往身兼数个首领职务，只是在名称上有所不同而已。例如，在捻股中被称为捻首，在旗制下被称为旗主，在团练中被称为团总，而在圩寨中则是圩主。

组建一支捻股，领导一支团练，或是统治一个圩寨，都需要足够的声望及影响力。在小镇或村庄里，谁拥有声望和影响力，谁又具备领导能力呢？在多数村庄中，大的宗族常常占据主导地位。有些村庄只有一到两个宗族，这种情况下，整个村庄便以占统治地位的宗族的姓氏命名。捻军首领大多来自这类村庄（见表3）。[①] 但是，值得我们注意的并不是这些大宗族的影响力，因为这种现象在中国的农村地区是普遍存在的。让我们感到惊讶的是，这些大宗族为捻军提供了大量的领袖。这在同时期的其他起义团体中是绝无仅有的。《山东军兴纪略》描述了捻军的特

① 《涡阳风土记》，卷15，第10页；《豫军纪略》，卷6，皖匪二，第13—18页。

质,其中特别指出“子弟父兄相率为盗”的特点。① 李鸿章(1823—1901 年)②也持有同样的观点:“捻逆与粤匪差异,踞城之贼殪其魁则余众立溃。捻以走为业,蒙、亳、曹、郓之为首者大率亲族男女偕行,穷年奔窜,练成猾劲,父兄死而子弟代,若世守家法。”③

单靠家规是不可能使安徽西北各地数以万计的宗族成员一代又一代地冒着风险去起义的。鉴于捻军是一个秘密社会,应该考虑到整个宗族与捻军组织的联合。在白莲教的其他分支中,山东南部的八卦教教首张善继与延轮秀遵循了同样的习惯。④ 义和团的一名首领王三乐承认,他的大部分族人都是因为“鼓吹异

46 **表 3 捻军首领及其宗族统治的村庄**

姓 名	村 庄
张乐行	张老家
江太林	江老家
孙葵心	孙老家
宫得 *	宫记寺
张慎江	张单楼
罗克有	大罗家
赵凤珠	大赵庄
李鹤岭	牛坑李庄
周怀林	周家楼
徐化德	徐海子

① 《山东军兴纪略》,卷 2(上),第 1 页。

② 恒慕义,第 464—471 页。

③ 李鸿章:《李文忠公全集》,朋僚函稿,卷 7,第 29 页。

④ 《山东军兴纪略》,卷 13(上),第 9—10 页;《山东通志》,卷 117,第 3347 页。

* “宫得”即“龚得”。

续表

姓　名	村　庄
侯实伟*	侯老营子
陈架海	陈大庄
阎锡纯	阎集
王老仆	大王庄
刘庄	刘奶奶庙
李小御	李家集
李重法	李家集
李广友	李家集
孙拱	孙老家
袁铎	袁楼
阎明	阎家集
王贯三	王楼
魏黑	魏路口
张广	张机坊庄
张兴	张机坊庄
刘运昌	刘提圈
李老总河	李楼
侯黄乐	侯庙
李东川	李花园
李黑狗	李楼
李琨三	李楼
李松	李楼

* “侯实伟”即“侯世伟”。

续表

姓　名	村　庄
李二麦	李楼
张小保	大张阁
孙八	孙楼
袁朱四	袁牌坊
刘邓	刘奶奶庙
张传忠	张三座楼
张泽广	张三座楼
张三	张三座楼
焦香	焦楼
曹松先	曹楼
曹松堂	曹楼
魏书德	大魏庄
魏文山	大魏庄
47 丁献考	丁楼
丁三元	丁楼
解海	解楼
解登	解楼
徐革山	徐老家
韩黑	韩阁
田春	田大庄
苏天福	苏家寨
杨安	杨楼
赵浩然	赵庄

端邪说"的罪名被逮捕的。他的家族世世代代都在从事此事，他们在各个省份广泛活动，目的是使人们改变信仰。[1] 捻军也不例外。一名绰号为"谢四老虎"的捻首领导着一个由千余户家庭组成的大宗族。他还为众多起义者提供避风港，并与周围十余村庄结盟。[2] 这些都发生在张乐行统治之前。在张乐行时代，整个家庭或宗族集体依附于捻军已经成为他本人及其他众多捻首所遵循的习惯[3]（见表 4）。[4] 他们与其兄弟子侄共享领导权，并从其各自的宗族中吸引两三百人追随其事业。

一些宗族在起义之前就加入了捻军，还有一些是在起义之后加入的。然而，资历并不影响他们在捻军社会中的地位。更重要的是其宗族的影响力，而不是他们的资历。例如，张乐行的名字
一直到 1851 年才出现，但起义开始后，他却成为最高领袖。张乐 48
行之所以能获得指挥权，部分原因是他属于一个显赫的宗族。"捻首张乐行，雉河东岸张老家人，距雉河集十二里。兄弟三，长问行早逝，次敏行，即张闯，三即乐行，宗禹（19 世纪 60 年代西捻军的首领）为乐行族侄。席沃产数百亩，暴厉恣睢，即后汉书所谓豪家屯聚宗贼者也。"[5]以上这段内容是张乐行家乡的地方志中所记载的，可看作张乐行的简短传记。地方志中对张乐行性格的评价并非无可辩驳，但将张氏宗族与汉末宗族进行比较是合理的。同样，19 世纪 60 年代东捻军的首领任柱也成长于一个富庶的家族之中。就张乐行和任柱的例子来看，是他们的财富与影响

---

① 《义和拳教门源流考》，收录于《拳乱三种》，第 5—6 页。

② 《方略》，卷 3，第 15 页。

③ 《方略》，卷 6，第 15 页，第 26 页；袁甲三，奏议，卷 2，第 46 页。

④ 《涡阳风土记》，卷 15，第 10 页。《豫军纪略》，卷 6，皖匪二，第 13—18 页；卷 8，皖匪七，第 8 页。《山东军兴纪略》，卷 3（下），第 8 页。

⑤ 《涡阳风土记》，卷 15，第 8 页。

力为其最终成为捻军领袖铺平了道路,而不是捻首的身份让他们变得富有以及具有影响力。

一个富有且具有影响力的家族,在其宗族其他分支的支持下,无疑会统治他们所生活的村庄。特别是在圩寨和团练出现之后,一个只能号召少数追随者的人几乎没有资格领导一个圩寨,而一个大宗族的族长仅从他的家族中就能抽调出两三百名武装力量。在宗族之外,他因声望亦可以获得许多人的效忠。此外,对于族长来说,征召自己的族人是相当容易且方便的,没有比他们更加可靠的追随者了。忠诚或可靠为捻军提供了一种道德力量,通过这两点,他们成功地约束住了其松散的组织。1853 年,在捻军的力量还远未成熟时,正是这种家族纽带使得雉河集众捻歃血为盟,誓与官兵死斗。[①] 尽管准备不足,他们还是在短时间内集结了数千人。

如此,大环境的紧迫与宗族的既有地位使大宗族的族长成为捻军的首领。对于捻军成员来说,首领职位不仅是一份事业,也是一个宗族成员可以继承的财产。张宗禹接替了张乐行的位置,他的十多位亲属也一直指挥着黄旗下的各小旗。在张宗禹的领导下,复兴的捻军力量给政府官员好好上了一课。

---

① 《方略》,卷 4,第 22 页。

表4　来自同一家族的捻军首领 49

姓	名
张	乐行
	敏行
	宗禹
	宗道
	宗先
	清
	广
	云
	三彪
	五孩
张	慎德
	慎聪
刘	天福
	天祥
李	小彻
	重法
	广友
宋	喜元
	喜柱
李	黑狗
	琨山
	松
	二麦

续表

姓	名
张	传忠
	泽广
	三
	及其他三百名族人
曹	松先
	松堂
苏	天福
	天祐
	天正
赵	浩然
	欣然
	狗
	克端
侯	黄乐
	及其他二百余名族人
程	大老坎
	二老坎
	三老坎
刘	大老渊
	二老渊
阎	锡纯
	明
	小千岁

50 尽管大多数捻首都没有获得功名，但有低等功名的士绅扮演

了和大宗族一样重要的角色。[1]（至少目前所见的资料中没有提及像张乐行这样的处于第一级的大捻首们获取过任何功名。）当然，部分士绅同时也是大宗族的一员。从表 3 与表 4 中可知，阎集的阎锡纯是一位杰出的族长，同时他也是一名武举人。[2] 不过，捻军中的士绅所拥有的或曾经拥有的大多是诸如监生、贡生或生员这样的低级功名。显然，他们的晋升前景并不像那些拥有更高功名的同伴那般光明。在这些人眼中，加入起义军可能是实现他们抱负的一条捷径。

他们中的一些人自己并没有加入捻军，但因为有亲属在捻军 51
之中而对其抱有同情的态度。[3] 例如，在河南汝宁候补知府的住所，知府发现了两名密谋将其族人引入城中的捻军成员。[4] 还有，河南沈丘集之下的一个捻军圩寨曾被清军包围，除捻众外，被围困的人群中还包括一名监生的百余名同族之人。由于担心突围后的屠杀会波及其族人，该监生恳求官军放缓攻击，以便他进寨说服捻军投降。[5] 张乐行也曾受到雉河集士绅的保护，在这一事件中，乡绅扮演了类似的同情角色。1853 年，袁甲三抵达雉河

① “低等功名持有者”在这里是指那些已经通过了一系列初级选拔考试，并有资格参加乡试的考生，包含：生员、廪膳生、贡生以及监生。更多关于士绅阶层在政府方面所扮演的角色的内容，可参见 Chang Chung – li, *The Chinese Gentry, Studies on Their Role in Nineteenth—Century Chinese Society*, University of Washington Press, 1954.

② 《豫军纪略》，卷 6，皖匪二，第 17 页。一个宗族中既有乡绅，也包括平民百姓。我特别将这些人挑选并罗列出来，是因为一个宗族族长可以很容易地通过动员自己的族人组成一支战斗力量。一个没有家族支持的人，无论他是士绅抑或平民，都很难以同样的方式组建一支队伍。也许这也是很多捻军首领来自大的宗族的原因。

③ 袁甲三，奏议，卷 2，第 40 页。

④ 《方略》，卷 117，第 4—5 页。

⑤ 同上，卷 104，第 1 页。

集,要求该集交出张乐行。该集绅民联名作保,向袁甲三保证张乐行绝不会勾结捻军反抗政府。[①] 但袁甲三甫一离开,张乐行就再次反叛。士绅的同情导致了多起像崇安事件这样的悲剧。怀庆总兵崇安所过之地,凡是前来迎接他的绅耆都被诬以通匪而被其杀害。在亳州、蒙城一带,有相当数量的绅耆都受到他残酷无情的折磨。[②]

以上被动帮助的形式只存在于起义之前或更早的阶段。后来,捻军地区的乡绅大都正式参与了捻军的行动。士绅阶层的加入贡献了许多未受教育者所不能提供的东西。《涡阳风土记》指出了他们加入捻军的原因:

> 贼氛日炽,人人丧其乐生之心,转思拥渠魁为奇货,竞仗
> 策以从,借箸为乐行筹大计。六年正月,蒙城岁贡郑景华、李
> 士铦谋于撚众,尊乐行为盟主。乐行乘肩舆至雉河集,祭告
> 52 天地,宣布信条,旗分五色,以正镶递推递广,又有八卦、水花
> 等名目,各旗统领皆听盟主调遣。[③]

这些士绅们决定采用“盟主”的称号来适应捻军的初期形态,他们指导了一个令人印象深刻的仪式来凸显盟主的威严,制定了相应的信条,且创立了旗帜体系。以上内容皆表明士绅在捻军组织中起着重要的作用。如前文所述,五旗军制改变了捻军组织的性质。而此处应特别强调的是,正是士绅们的加入促成了这一变化。经过多年的学术训练,他们的才智不仅有助于制度的构

---

① 袁甲三,奏议,卷5,第19页。

② 《涡阳风土记》,卷15,第11页。

③ 同上,卷15,第11页。

建，而且他们的加入本身也改变了捻军组织的质量。士绅群体多居住在当地村庄中，其中一些是大宗族的族人，但他们的影响力可以到达很远的地方。他们的社交范围并不局限于其所在之处。士绅的身份认同及利益关系网几乎遍布全国，同时他们对自己的利益关系有着非常敏锐的嗅觉。白莲教的遗产为捻军提供了独特的民族意识，使捻军有别于常规的反抗者，而士绅的加入则更广泛地激发了捻军早期的政治意识和组织力量，从而促成了一场真正意义上的起义。

真正改变捻军组织的并不是“旗制”，因为新形成的五旗军制的控制权仍然掌握在那些老捻首手中。重大的改变发生在李士铦和郑景华这两名贡生在众旗之上设立盟主，并制定相应信条，[①]使五旗军制最终成为一个有机实体之时。显然，士绅的才干促成了这些变化，他们作为一种社会力量拥有着广泛的基础，正是这个本质促使了结果向这个方向发展。

还可以举出更多的例子来说明士绅所起的重要作用。1848年，即在正式起义的五年之前，山东举业廪生董文斋策划并发动了捻军在该地区的暴动。[②] 起初，这些“衣冠盗贼”的出现震惊了政府官员，后来，这样的人越来越多，已经不再令人吃惊了。据记载，起义期间，苗沛霖曾在张乐行大营中出谋划策。在那里，他的 53
个人声誉极高，军中之人都尊称他为“苗先生”。[③] 在山东费县，捻军区域的边缘地带，政府官员在攻破一个圩寨后抓获了一名长

① 遗憾的是，上面这段引用文字并没有告诉我们这两名贡生对张乐行的政治思想有哪些启发，同样地，也没有告诉我们所宣布信条的具体内容。

② 《宣宗成皇帝圣训》，卷81，第35—36页。

③ 《涡阳风土记》，卷15，第12页。《清稗类钞》记录了一个不一样的故事。1856年一月，当张乐行进攻下蔡时，苗沛霖为了躲避张乐行逃往寿州。（卷7，第158页）

期为该地捻首谋划的廪生。① 以相同的方式,幅军将其谋划权交给廪生李宗棠以及废员刘淑愚。② 进一步向北,举人董乾儒在七处战略要地建设圩寨,并召集大量百姓加入八卦教。③ 早在1837年,一些"无赖监生"即作为"旗主"(分支首领的一种)加入了八卦教。④

现有材料告诉我们,以下功名持有者(见表5)曾在捻军大营中担任过军队的首领。⑤

表5 捻军中的功名持有者

监生	刘汉兴
	邓保山
被贬生员	钱洛文
	姚洛广
	韩洛兴
	罗青训
	赵合生
武生	郭灿
贡生	袁安愚
	樊绍薪
	高承勋

① 《方略》,卷182,第24页。

② 《山东军兴纪略》,卷18(下),第7页。

③ 同上,卷19(下),第2页。

④ 《宣宗成皇帝圣训》,卷85,第13页。

⑤ 尹嘉宾:《征剿纪略》,卷2,第5页;《山东军兴纪略》,卷2(上),第7页;《豫军纪略》,皖匪一,第9—10页;《方略》卷104,第1页;卷150,第18页。

续表

廪生	杨方恒
	张学源
武举	胡浩善
	阎锡纯

其中，宿州武举胡浩善曾率众数千人来支持捻军的蓝旗。[①]当然，这样的情况还是较为少见的。

由于捻军组织更多的是一个拼凑起来的而非高度集中的机 54
器，所以，一个士绅若想在捻军中发挥领导作用，那他必须先拥有一支自己的武装力量。那么，他该怎样才能获得武装力量呢？显然，仅仅依靠士绅的地位是不够的。表 5 所列的大多数士绅是通过另一种途径来获得武装的，即组建地方团练。

士绅通常掌握着组织地方团练的权力。这是皇帝赋予他们的权力，也是对帝王命令的遵从。皇帝认为，在处理地方事务方面，士绅阶级可以为他提供有利的、可靠的服务。[②] 然而，令政府失望的是，以地方团练之名为掩护，士绅们在安徽与山东交界地区所做的恰是与政府愿望相反的事。

起初，士绅们将办团练作为牟利的方式。为团练筹措资金是他们的主要任务之一，因此向百姓征收的“团费”就成为他们的合法利益。[③] 对于这笔资金，他们像分赃一样与当地官员按照商定的比例进行分配。[④] 在这一阶段，这些士绅依然是地方政府的代理人，他们的行为也没有超出侵吞公款的范畴。然而，一旦他

① 《山东军兴纪略》，卷 2（上），第 7 页。

② 《清朝续文献通考》，卷 215，第 9617 页；《方略》，卷 14，第 1—3 页。

③ 《山东军兴纪略》，卷 24（上），第 16 页。

④ 同上，卷 22（上），第 6—10 页。

们拥有了武装力量，他们的胃口也就越来越大了。即使一个功名不高的武生，都可以毫不费力地调动多个地区数千人的团练。[1]没人能够阻止这类士绅自封为堂主或寨主。[2] 随着政府和捻军之间的斗争的持续，这些寨主成了第三股势力，强大到足以影响两者之间的力量平衡。

这第三股势力将它的力量加码在捻军这一边是可以理解的。如前所述，中央与地方的势力是此消彼长的关系。当中央政府权威下降时，地方力量就开始变得越来越强大。因此，地方势力的增长是建立在损伤政府权威的基础之上，且从本质上与皇权的复兴是不相容的。与此同时，地方力量很容易将他们的目标与同样
55 来源于地方的起义者的目标联系起来。[3] 在他们正式加入捻军或其他团体之前，士绅指挥之下的团练便无视律法，肆意劫掠。[4]从一开始，部分士绅就利用他们能与官员密切接触的特权游说多方，为起义者争取抚议条件。[5]

对捻军而言，大的宗族和士绅群体为他们提供了领导阶层。有些宗族成员与功名持有者是同一人，有些士绅除了作为军师提供建议外也担任着领导职务。在圩寨与团练出现后，圩主与堂主的不二人选便只剩下两类：一是为众多村民所拥戴的宗族族长，二是具有社会影响力的士绅阶层。

第三类也是最基本的一类是农民。袁甲三是这样解释为何

① 《山东军兴纪略》，卷 22（中），第 6 页。

② 同上，卷 11（中），第 2 页。

③ 一些士绅虽然拒绝支持捻军的起义大业，但也没有表现出对政府的忠诚。当他们所掌握的团练壮大到一定程度后，他们便自立起义大旗。安徽的苗沛霖、山东的刘德培[《山东军兴纪略》，卷 21（上），第 1 页]，以及河南的李瞻（《方略》，卷 148，第 10—11 页）都是此类行为的例子。

④ 《山东军兴纪略》，卷 11（中），第 2 页；卷 22（中），第 4 页。

⑤ 同上，卷 13（上），第 11 页。

有大量的平民加入捻军的：

> 此逆捻愈聚愈多，不下数十万人……各处不逞之徒垂涎饱掠，欣然附和，其被害之民栖食无所，亦往往相率随从，为苟延性命之计。故贼一外窜，动至盈千累万，而完善之地几于无处不遭蹂躏，此贼势之大可虑也。[①]

显然，这是一种错误的解释。上一章已经向我们展示了捻军是通过何种方式来吸引人民加入的。但袁甲三的这番话足以说明捻军在民间是多么受欢迎，吸引了人数多么庞大的追随者。另一份官方报告中说道，1862 年，皖北之地仅有太和一县的县令成功阻止了境内人民加入捻军。[②]

捻军中的大多数平民为农民，他们也是圩寨居民的主要组成部分。据巡抚李续宜估计，每圩的人数或千余人，或两三千人不等。[③] 临淮关以西分布着三个大圩寨，每圩有一千余人。[④] 王圩， 56
一个浍河以南的大圩寨，也是捻军主力的集中之地，为大约两千人提供了庇护场所。[⑤] 这其中，有一部分是当地居民，一部分是由捻军带来的。捻军的战利品不仅包括粮谷、牛、马，还包括俘虏——男、妇、老、幼都包括在内。[⑥] 政府的军队在攻破圩寨后都

---

① 袁甲三，奏议，卷 9，第 51—52 页。

② 《方略》，卷 110，第 23 页。

③ 同上，卷 147，第 29—30 页。

④ 同上，卷 127，第 16—19 页。

⑤ 《方略》，卷 77，第 18—19 页。最后一章告诉我们，苗沛霖驱使很多人进入他的圩寨。在山东，八卦教首领延轮秀将他的圩寨扩展到了一个城市的规模，大约有三万人居住在内[《山东军兴纪略》，卷 13（下），第 5 页]。但类似于苗沛霖及延轮秀这种模式的圩寨非常之少。

⑥ 《豫军纪略》，卷 6，皖匪二，第 13 页。

会上报说在这些圩寨中发现并解救了大量“难民”。① 这些所谓的难民正是捻军从其他地方转移过来的人。

捻军战斗力的主要来源是成年的男性农民，他们是捻军新兵的来源以及粮食的生产者。在出征的间隔期，农民们各处各圩，在圩中从事日常农业活动。在需要调兵征战时，捻首们便通过开会来决定每圩派出作战的人数，并约定集结的日期与地点。②

政府勇营中的逃兵与弃兵也构成了捻军的一部分。我们在
这里将不对“乡勇”展开详细讨论。③ 简言之，乡勇的存在是为了
弥补正规军的不足。④ 总的来说，在安徽北部与山东南部的乡勇
实力极弱，且缺乏作战经验与纪律，以至于捻军很容易在战场上
俘虏他们，或是诱使他们叛逃。⑤ 财政困难导致了频繁的兵变与
57 叛逃，进而产生了越来越多的“游勇”。对他们来说，捻军的老巢
是一个理想的藏身之所。⑥ 一些被遣散的乡勇尽管已经回到家
乡重新开始务农生活，但最终还是在捻军到来后加入其中。⑦ 有
时，捻军不等兵变或遣散，便通过许诺利益的方式来诱使乡勇脱
离其长官。⑧ 这些乡勇是通过不同的方式加入捻军的，但他们带
来了相同的礼物。首先，乡勇可以向捻军介绍他们从清军中学到

---

① 袁甲三，奏议，卷7，第25页。

② 《方略》，卷127，第16—19页。

③ 有关勇营的详细内容，可参考 Michael, Franz, *Military Organization and Power Structure in Nineteenth Century China*，未刊稿。

④ 袁甲三，奏议，卷3，第51页；卷9，第19页。

⑤ 《方略》，卷237，第4页。山东巡抚阎敬铭在对比湖南及北方诸省的乡勇后指出：“胡林翼、曾国藩、左宗棠倡率乡里，乐育人才……自然顽廉懦立，志士奋兴……今北方虽所在募勇，直是匪徒乌合，不知尊君亲上杀敌致果之方……”[《山东军兴纪略》，卷4(上)，第7页]

⑥ 《宿州志》，卷10，第28页；袁甲三，奏议，卷2，第49页。

⑦ 《山东军兴纪略》，卷17(下)，第6页。

⑧ 《山东军兴纪略》，卷20(上)，第7页。

的军事知识。① 其次，由于他们知道清军的优势及劣势，他们可以为捻军提供充足的关于敌人的信息。② 这些特殊贡献构成了乡勇与普通农民之间的主要区别，尽管他们都属于同一个阶层。在捻军组织中，乡勇在人数上比农民要少，但他们提供了更多的内容。

私盐贩子是捻军的老合作者，也是捻军最早的成员之一。1853 年后，关于这些盐贩在淮北活动的记载越来越少。但是，他们不可能是突然撤离了淮北，因为他们中的大多数人都是淮北人。更合理的假设是，他们放弃了走私贸易，转而去追求更大的事业，即我们所说的捻军起义。1868 年，当西捻军到达天津时，该地盐枭纷纷加入捻军，并引导其攻入天津郊区。③

在行动途中，捻军还经常将河南与湖北的当地起义者收编入其队伍。④ 在濮州与范县附近，黄河于 1855 年改道，成千上万因黄河浸灌而流离失所的难民聚集成一股武装力量。⑤ 1865 年春，
他们加入了捻军，并使捻军的兵力迅速增加到足以消灭僧格林沁 58
军队的程度。⑥ 在淮北，其他起义者的消失也可以看作是其并入捻军的结果。⑦

捻军并不是一支专业的军队，它基本上是由各村大宗族统领下的农民组成的。他们在进攻时多采用人海战术，捻军将领指挥大群的村民冲向敌人，以弥补他们在武器上的劣势。为了保卫家

① 《方略》，卷 8，第 17 页。

② 同上，卷 279，第 6—9 页。

③ 同上，卷 309，第 10 页。

④ 《方略》，卷 3，第 18 页；卷 38，第 2 页。

⑤ 《山东军兴纪略》，卷 11（下），第 9 页。

⑥ 《豫军纪略》，卷 11，皖匪十八，第 1 页；《方略》，卷 230，第 20 页。

⑦ 袁甲三的奏议中显示，淮北的清军曾受到过其他地方起义者的挑战，但 1854 年之后，这类记录消失了。（《袁端敏公集》，奏议，卷 5，第 18 页）

园,所有圩寨的居民都倾尽全力。[①] 战斗结束后,他们又会回到自己的农田中,以普通农民的身份存在。与帝国官员不同,捻军首领在筹集军事资金方面并没有困难,只要他们的劫掠活动与农业生产不受干扰。捻军首领们也不需要密切关注其士兵来防止他们叛变或发起兵变。[②] 在捻军的将领与士兵之间,家庭及社会纽带与战友关系并存。在 1864 年,即捻军历史上最黑暗的一年,正是这种关系将数千蒙城和亳州的农民与他们的首领联系在一起。[③] 1868 年的战役中,也是同样的忠诚驱使着捻军最高将领的亲友们战斗到最后。[④]

---

① 详见第一部分第六章。

② 我们已经看到,有许多乡勇从政府勇营中叛逃并加入捻军。他们加入后的行为证实这些人与捻军军营中其他的成员一样忠实可靠。他们能保持忠诚的原因很简单,如今,他们追随的是在当地具有影响力的人,而不是来自其他地方的政府官员。此外,捻军首领许诺以他们更多的利益,相比之前,政府官员甚至无法正常支付其应得的薪水。(几乎在每一份官方奏议中都可以发现对收入不足以及对军队糟糕条件的抱怨。)

③ 在张乐行于 1863 年被捕后,1864 年,太平天国首都南京沦陷。那些自 1863 年起就与捻军合作的太平军,以及赖文光、陈得才、马融和、梁成富领导下的太平天国余部在安徽与湖北交界处被消灭。得益于他们的骑兵队伍,捻军在太平天国残部中幸存,但他们也遭到了来自四面八方的清军的追击。在这个关键时刻,张宗禹、任柱、牛宏升与李蕴泰在其追随者的全力支持下发誓要继续战斗,其追随者主要是蒙城与亳州人民。(《太平天国诗文钞》,卷 2,第 99 页)详见第二部分第二章。

④ 详见第二部分第四章,这种家族形式效忠的局限性同样得到讨论。

第五章　捻军的骑兵部队

捻军大量修筑圩寨并不意味着他们对小范围的资源或有限 59
的活动范围感到满足。涡河和浍河之间的大本营为捻军提供了基地与退路,但它只代表了捻军军事体系中静态与防御的方面。

政府官员试图摧毁捻军粮仓与农田内庄稼的举动表明,捻军从未放弃过农业活动。曾国藩承认,虽然捻军将边远地区的农舍夷为平地,但他们仍继续享有着蒙城与亳州老巢带来的庇护和农业收成。[①] 然而,虽然农务在捻军统治区域得以继续,但这并不意味着捻军在经济上能达到自给自足。在很大程度上,是饥荒驱使捻军拿起了武器,在捻军起义的这段时间里,饥荒几乎年年都在困扰着安徽北部。[②] 除自然灾害以外,战争亦对淮河流域造成破坏。在粮食产量大大减少的同时,捻军也吸收了越来越多的灾民加入他们的队伍。在周边省份仍相当繁荣且富足的情况下,想要让捻军本分地待在这片贫瘠的土地上是全无可能的。山东因为远离太平天国的威胁,在咸丰初期也没有遭到过捻军的侵扰,

① 《山东军兴纪略》,卷4(下),第10页。

② 袁甲三,奏议,卷7,第32页;《方略》,卷83,第2—3页;《豫军纪略》,卷6,皖匪三,第19—20页。

因此仍存有充足的粮食。① 得益于发达的灌溉系统和众多的盐田，江苏北部的清江浦与淮安也仍有充足的粮盐供应。河南的周家口地处颍河与贾鲁河的交汇处，是当时的贸易中心。② 于是，山东、清江浦与周家口成为捻军出击的主要目标。③

60 捻军为了获取生活资料年复一年地进行着远征。他们虽然地处三省交界的枢纽，却没有利用其地理上的绝对优势去占领其他城市。换句话说，他们从未试图利用其军事上的胜利来扩大他们的控制区域。捻军甚至不愿意占领淮河以南的城市，更不用说其他省份的地区了。④ 捻军从不在他们攻掠的地方驻留，无论那里多么富有，他们也只会选择将战利品带回家乡。总的来说，捻军给政府官员留下这样一种印象，即捻军“仅图饱掠”，而太平天国则更善于攻城，这也是捻军与太平天国的区别。⑤《山东军兴纪略》对捻军的远征作了如下描述：

> 恒于春秋二时，援旗麾众，焚掠自近及远，负载而归。饱

---

① 《方略》，卷 49，第 13 页。

② 袁甲三，奏议，卷 9，第 39 页；函牍，卷 1，第 6 页。

③ 自 1859 年起，捻军每年都会前往山东。1860 年，其作战时间长达四个月，先后攻掠二十余县。[《山东军兴纪略》，卷 3(上)，第 4 页] 在归途中，捻军满载战利品的车队延绵数百里，这其中包括大量的粮食及数千牛马。与山东相比，捻军对河南的进攻更为频繁也更为严重。(《豫军纪略》，卷 6，皖匪二，第 13 页；《方略》，卷 4，第 2 页) 由于其东部紧邻安徽，它不仅成为捻军进攻的第一个省份，而且是其突入其他省份的中心，这里也是捻军归程的主要途径，有时会面临二次进攻。(胡林翼：《胡文忠公全集》，奏议，卷 1，第 339 页；卷 2，第 919 页。《方略》，卷 246，第 14—18 页) 每次远征，捻军都成功获得难以计数的战利品。他们还盯上了清江浦所贮存的大量粮食。(《方略》，卷 75，第 15 页；卷 76，第 21 页)

④ 袁甲三，奏议，卷 13，第 29 页。

⑤ 《方略》，卷 146，第 5 页；卷 149，第 6 页。

> 食歌呼,粮尽再出,又如贸易者。[①]

因此,捻军的行为就像商人一样,在其老巢与邻近省份之间来回移动。

捻军能够自由地、频繁地以及迅速地来回移动仰仗于他们强大的骑兵。淮南田塍交错,骑兵难以展施,但在淮北,广阔的平原一直延伸到山东的兖州、河南的开封及江苏的海州,这片平原足以容纳上万马匹纵横驰骋。[②] 虽然经济状况迫使捻军不得不去遥远的地区寻求粮食供应,但地理环境为他们的高机动性提供了条件。1853 年,捻首张茂麾下便有四百骑兵作为哨探。[③] 四年之后,即使是像柳沟这样的小镇(捻军圩寨之一)中都有四千人的机动队伍;另一圩寨韩圩中拥有马匹一千,是进犯敌军马匹数量 61
的十倍之多。[④] 之后一年,太和一支人数达万人的捻军拥有骑兵八百名,亳州一支人数在三千的捻军拥有骑兵六百人。[⑤] 在回村(圩寨之一),四分之一的士兵都配有马匹。[⑥] 整个蒙城、亳州地区至少能在前线投入三千匹战马以对付他们的敌人,这还是减去了留在家中的以及用于淮河两岸的马匹之后的数字。[⑦] 1860 年,捻军拥有的马匹不下两万匹,骑兵不下两万名。[⑧] 此后,一直到他们最终被镇压,捻军的骑兵都保持着这样的规模。

正是凭借着这支庞大的骑兵部队,捻军得以在十五年的时间

---

① 《山东军兴纪略》,卷 2(上),第 1 页。

② 袁甲三,奏议,卷 8,第 32 页;《山东军兴纪略》,卷 2(下),第 1 页。

③ 袁甲三,奏议,卷 3,第 7 页。

④ 《方略》,卷 27,第 2 页;卷 31,第 3 页。

⑤ 《方略》,卷 40,第 14—15 页。

⑥ 袁甲三,奏议,卷 8,第 46 页。

⑦ 同上,卷 8,第 32—33 页;第 50 页。

⑧ 同上,函牍,卷 1,第 25 页。

中纵横八个省份。精熟于使用骑兵也是捻军的特征之一。就像五旗军制以及整个宗族对秘密社会的集体效忠一样,使用骑兵也是捻军与八卦教的共同特点。八卦教每到一地,都是先到各村搜寻马匹。① 与八卦教一样,捻军最先是从他们的家乡搜集马匹的。然而,根据袁甲三的说法,徐州附近并非产马之地。② 以上两种说法似乎相互矛盾,但袁甲三的意思是徐州地区并不像关外的草原那样专门从事养马事业。他将满洲及内蒙古与徐州进行对比是为了获得来自这两地的马匹。袁甲三还提到,他只训练了不到一千名骑兵。③ 如果在江苏北部与安徽北部很难找到马匹,那么训练骑兵也应该是同样的困难。无论如何,当地骑兵的战斗力远不如从满洲调来的正规骑兵。河南巡抚郑元善虽然同意将当地营中的兵勇练为骑兵,但他仍坚持从长城之外购买马匹。④
62 在袁甲三看来,关外的一千骑兵足以匹敌四千名捻军的骑兵。⑤经济条件使淮河流域的清军更喜欢数量少但质量高的关外骑兵。政府官员在淮河流域没有组织起像捻军那样庞大的骑兵队伍,以及他们不断向满洲索取马匹的事实都不意味着这个地区没有大量的马匹。从一开始,每一大股捻军就都配备有几百名骑兵,“马贼”这个词也经常出现在官方报告中。⑥ 在泗州,捻军要求他们的俘虏用马代替金钱作为赎金。⑦ 这是关于淮北捻军如何获得马匹的一个很好的例子。在早期,捻军所拥有的骑兵数量并不

① 《山东军兴纪略》,卷 12(上),第 23—24 页;卷 13(下),第 8 页;《方略》,卷 174,第 24—27 页。

② 《方略》,卷 45,第 23 页。

③ 同上,卷 44,第 3 页;卷 45,第 23 页。

④ 《方略》,卷 159,第 6—7 页。

⑤ 袁甲三,函牍,卷 1,第 25 页;卷 2,第 24 页。

⑥ 王闿运,卷 14,第 1 页;袁甲三,奏议,卷 2,第 32 页。

⑦ 《安徽通志》,卷 246,第 29 页。

多，但就骑兵在整个军队中的比例来说，骑兵的规模已经相当可观了。1855 年之前，安徽捻军的行动范围还没有超出该省的边界，因此他们不大可能从家乡以外的地方获得马匹。

捻军的家乡为其提供了部分马匹，这一点毋庸置疑，但这些马匹只能看作是捻军骑兵的核心部分。后期，捻军也开始从别处获取马匹。对邻近省份的劫掠是捻军获取马匹的第二种方法。1856 年起，捻军每年都会进攻河南。幸运之神从一开始就站在捻军这一方，他们第一次尝试就获得了大量的辎重、俘虏、牛、骡子、驴和马匹等，这些战利品络绎绵延达二百余里。[1] 1863 年，在雉河集失陷后，张宗禹开始重建捻军主力，他将河南作为马匹的主要来源地。在经过项城时，他俘虏了许多人，并要求赎者用马匹来赎回。[2] 这直接导致了该地区马匹价格的上涨。

山东为捻军提供了比河南更多的马匹。1861 年初，莘县和曹县兴起的八卦教教徒出动了一支庞大的骑兵部队，这令他们的敌人大吃一惊。[3] 位于临清西南部的圩寨铺头，曾调集一支二千人的骑兵队伍来对付胜保。[4] 宋景诗、杨鹏岭及其他一些八卦教教首在向胜保投降后被任命为参将，但他们继续指挥着其原来的马队。之后，宋景诗再次起义，率领他的一千多名骑兵从陕西出 63
发，经山西、直隶，再转回山东，扫除了沿途各地驻军的一切抵抗。[5] 宋景诗的部队回到家乡后，又从自己的家乡购买了更多的

① 《豫军纪略》，卷 6，皖匪二，第 13 页。

② 《项城县志》，卷 31，第 15—16 页。

③ 《山东军兴纪略》，卷 12（上），第 4 页。

④ 同上，卷 12（下），第 4 页。

⑤ 《山西通志》，卷 78，第 37 页。

马匹，扩大了其骑兵队伍。[①] 以上各例均表明，虽然山东不像关外省份那样以善育壮马而闻名，但为起义军提供数千匹马是毫不困难的。1855 年前，安徽北部的捻军尚不能够将他们的骑兵人数扩大到五千以上，直到 1855 年黄河改道，曹、单两县河面尽成平陆，他们可以轻易地通过山东南部边界之后，这种情况才得到改善。[②] 1859 年后，捻军已经视山东为一个毫无抵抗力的战利品池，且已相当熟悉由徐州周围通往山东的路线。攻入山东的捻军包括蓝、白、红三旗，本就拥有众多的骑兵，“加以到处抢掠马匹，日日增添”。[③] 战利品数量之巨可以通过 1861 年八月的一段插曲看出来。是时，捻军狂掠五六百里，以获取资粮牲畜为主要目标。[④] 僧格林沁拦截了这队捻军，并迫使其放弃战利品，之后因缴获牲畜资粮过多，僧格林沁积数日之功，方将这些战利品全部运送至他的营地。[⑤] 除了马匹外，捻军还从山东获取骆驼。在捻军控制区域东侧的泗州附近，一支从宿州前来的人数不下两万的捻军拥有上千匹马及接近一百只骆驼。[⑥] 1861 年，一万捻军兵临寿州。前任巡抚翁同书登城瞭望，看到一支长发军队带领着一千余匹马和大约二十头骆驼，便知这定是由山东返回的捻军。[⑦] 1860 年夏，涡河、淝河涨溢，洪水淹没了位于此处的捻军巢穴。蒙、亳捻首江太林、王怀义、程大伟、刘狗等率十万余众“倾巢北

---

① 《山东军兴纪略》，卷 15(下)，第 1 页；卷 16(上)，第 3 页。《方略》，卷 183，第 10 页。

② 《方略》，卷 9，第 9 页；《山东军兴纪略》，卷 1(上)，第 2—3 页。

③ 袁甲三，函牍，卷 1，第 9 页。

④ 《山东军兴纪略》，卷 3(上)，第 5 页。

⑤ 《山东军兴纪略》，卷 3(上)，第 17 页。

⑥ 袁甲三，奏议，卷 14，第 29—30 页。

⑦ 同上，奏议，卷 14，第 31 页。

徙”，涌入山东。[1] 捻军马匹的数量在 1861 年突然增加到两万的 64
事实表明，此前的一年，捻军所有的远征都是为了获得更多的马匹。

捻军也通过购买来获得马匹。例如，白旗捻首孙葵心指挥着一支有四千匹马的骑兵队伍。[2] 但他并不满足于已有的规模，因此重价买马，继续增加数量。[3] 袁三甲的一份奏议表明，皖北存在一个贩马的黑市：

> 贼中不惜重价，句串奸民贩马接济……臣甲三近闻署泗州双沟汛外委秦占鳌与练总赵金科*等，有得贿纵放贩马匪徒情事……有定远回民王通天等，两次贩马三四十匹潜往定远济贼，希图重利。（秦和赵）当欲拿送大营，因王通天等许给钱银，初次得受赃银一百五十两，二次因无现钱，以马作抵……（除此之外）黑龙江即补佐领委骁骑校奇克兴阿于五月二十九日将马私属，马夫薛明转托王家圩内民人唐华春售卖。[2]

王通天一案显然不是捻军地盘内第一例此类案件，但与之前不同的是，王通天和他的同伙不幸被注意到了。泗州双沟汛外委秦占鳌与练总赵金科也参与了王通天的交易。更有甚者，一名骁骑校竟试图从买卖马匹中获利。捻军提供的高价极具吸引力，这不仅影响了逐利的商人，也同样吸引了政府官员。后面的这些证

① 《山东军兴纪略》，卷 2（下），第 15 页。
② 袁甲三，奏议，卷 8，第 50 页。
③ 同上，函牍，卷 1，第 5 页。
* 原文为“赵金斗”，史料中为“赵金科”。
② 同上，奏议，卷 13，第 4—5 页。

据体现出，捻军不仅从皖北家乡获取他们需要的马匹，同时也从河南尤其是山东获得马匹资源，取得方式包括掠夺与购买两种。

65 捻军马匹的第四种来源是僧格林沁满族骑兵与蒙古骑兵的残部。[①] 曾国藩在给李鸿章的一封信中说道："捻匪本非剧寇，惟所得僧邸之马极多，又豫军屡挫，以长其焰……今亦居然勍虏，未可轻视。"[②]在另一封信中，他又说道："自张乐行诱降，苗沛霖散败后，捻势本已稍衰，三、四两年，僧邸屡挫，贼得官马至五千余匹之多，自此不可复制。今则岸然勍敌，精骑逾万，殊无破之之术。"[③]曾国藩与《山东军兴纪略》中都估计，僧格林沁大约有五千匹马落到了捻军手中。[④] 但据僧格林沁手下的得力干将国瑞*奏言，及至僧格林沁阵亡，马队因连年征战，死亡相继，剩余的马数早已减少至两千。[⑤] 因此，即使捻军抢走了僧格林沁所有的马匹，这个数字也不会达五千之多。此外，捻军在 1863 年之后成功地再次复兴，也并不完全是因为得到了僧格林沁的骑兵。不过，曾国藩的言论体现出政府官员是多么看重僧格林沁的损失。原因很简单。我们已经提到过，来自满洲与内蒙古的马匹远比来自南方的马匹强壮，因此格外受政府官员的偏爱。所以，也难怪政府官员为失去这些优秀的马匹而感到惋惜。此外，他们损失的不仅是马匹，连驭马的骑兵也投靠了捻军。与普通骑兵不同，他们是从满洲与内蒙古的经验丰富的骑兵中精心挑选出来的。他们

---

① 详见第二部分第二章。

② 曾国藩：《曾文正公书札》，卷 25，第 19 页。

③ 同上，卷 25，第 27 页。

④ 《山东军兴纪略》，卷 9(上)，第 9—10 页。

* 应为"陈国瑞"。

⑤ 《方略》，卷 232，第 21 页。

的投降在捻军中催生出一支号称“北队”的新骑兵部队。[①] 在1865—1866年的战斗中，这支新力量为捻军做出了卓越的贡献。[②]

捻军马匹的第五个来源是陕西、山西和直隶地区，这些地区在张宗禹部队转战向西后相继遭受攻掠。1866年，张宗禹由豫入陕，所率部队包括步兵和骑兵共八九千人。同年冬，其部与清
军在灞桥接仗并取得惊人胜利，此战后，部队在原来基础上又增 66
加了八九千人，其中大部分为骑兵。[③] 因此，在1866年冬天，张宗禹所率部下共有一万六千人至一万八千人。陕西政府官员德兴阿[④]（卒于1867年）做出了这一估计。但在这份奏折的后半部分，他又说道，张宗禹在延绵长达几十里的路上展示着他的兵力。《鄠县乡土志》甚至认为张宗禹的部队达到了四十万人之多，以夸大张宗禹在灞桥之战中获得的胜利。[⑤] 虽然有人更倾向于德兴阿给出的保守数据，即张宗禹所率人数大约在一万六千人到一万八千人，但他们也发现张宗禹的骑兵数量不少于一万人，因为其军队中大部分都是骑兵。1867年冬，张宗禹自陕西宜川踏冰渡河到达山西，并再次向东开拔。[⑥] 在他到达直隶时，已经在沿途获得了足够多的马匹，于是，他将所有的步兵都转为骑兵，甚至有时一人数马，时相更替。[⑦] 据左宗棠[⑧]（1812—1885年）所言，

---

① 《方略》，卷273，第4页。
② 曾国藩：《曾文正公书札》，卷26，第5页。
③ 《方略》，卷274，第20页。
④ 恒慕义，第762—767页。
⑤ 《鄠县乡土志》，上卷，第10页。
⑥ 《山西通志》，卷128，第37—38页。
⑦ 《方略》，卷306，第7—8页。
⑧ 恒慕义，第711—712页。

这些马匹是张宗禹自晋、豫犯直隶以来沿途所掠。[①] 在这一点上，李鸿章同意左宗棠的看法。他说道："捻逆久成流寇，张宗禹尤极狡猾，频年窜扰北地，掳马最多，平原旷野，瞬息百里。"[②]李鸿章估计，张宗禹所拥有的马匹总数大概在四万至五万左右。[③]

一直到最后一刻，东捻军与西捻军都紧抓着他们的马队。随着捻军被镇压，1867 年，清军从东捻军处俘获马数约一万，[④]1868 年，他们在西捻军处俘获的马数超过了两万五千。[⑤]

67 可以明显看到，仅在僧格林沁死后的那三年（1865—1868 年），捻军的骑兵部队才大大扩大。1868 年也是捻军在山东彻底被镇压的一年。因此，在过去三年内，捻军骑兵队伍的扩大并没能帮助他们重新夺回家乡，而那片故土是他们生存与获胜的必要条件。但是，越是接近他们最终的命运，捻军的斗争也愈发凶猛。这种凶猛的作战主要源于捻军骑兵队伍的扩大。除庞大的骑兵规模外，捻军在部署骑兵方面的能力也让政府官员们大吃一惊。李鸿章就曾称赞东捻军首领任柱为"今日第一等骑将好汉"。[⑥]虽然捻军的骑兵队伍没能在最后的几年里拯救他们，但它至少使清军时刻处于惊慌的状态，并使除湘军与淮军以外的六省军队处于不断调动与交战当中。

---

① 《方略》，卷 306，第 7—8 页。

② 同上，卷 309，第 11—12 页。

③ 李鸿章：《李文忠公全集》，朋僚函稿，卷 8，第 3 页。

④ 《山东军兴纪略》，卷 7（下），第 3—5 页。

⑤ 同上，卷 9（上），第 9—11 页；卷 9（下），第 3—8 页。《方略》，卷 316，第 5 页。这些数字是可信的。它们不是被估计出来的，而是来自各级指挥官的报告。这些官员是不会夸大其数目的，因为缴获的马匹需送往其上级的屯驻地。

⑥ 李鸿章，朋僚函稿，卷 7，第 29 页。

第六章　捻军的战术

捻军的圩寨与骑兵的作用也体现在他们的战术上。与这两个部分的军事结构相对应,他们的战术也分为两个部分。僧格林沁总结道:

> 捻众繁多,其出掠,伺空虚,避官兵,以焚掠胁俘良民,党众日增,马步数万,列队百里,兵少贼多,众寡悬殊。如欲攻其巢,则相拒一二百里外,井堙地赤,裹粮携水不能持久,退为所蹑,往往失利,十年以来未有能进军接仗者也。①

捻军并不是通过"胁俘良民"来扩大其军队。如前所述,捻军使用了各种方法来吸引百姓加入。在人民的全力支持下,圩寨为其家园提供了坚实的防御,以骑兵为首的机动部队则不断向外突破。由于百姓的支持在保卫家园及对外作战方面都是不可或
缺的,他们的活动也被分为两个部分,出则为捻,居则为民。② 68

我们先来看固定的部分,也就是圩寨所起到的防御作用。捻军的防御网络由众多的圩寨社区构成,它们是在 1857 年至 1859

---

① 王闿运,卷 14,第 4 页。

② 《方略》,卷 14,第 6 页。

年逐渐形成的。换句话说,直到1857年,圩寨才开始发挥其作为防御体系的作用。在此之前,捻军尚没有大规模地运用圩寨。袁甲三简明扼要地阐述了这一点:“数年以前,贼不知沟垒可恃,专心以野战为强。自咸丰七年以后,皆知深沟高垒,以守为战,而攻剿愈觉费手。”①但是,袁甲三在这里所说的与事实并不相符,捻军在1857年前就已经知道如何运用深沟高垒了。袁甲三于1856年到达雉河集时,就已经发现了在涡河的另一边所筑起的营垒。② 也许袁甲三这段话想要表达的意思是,捻军一直到1857年才开始系统地利用圩寨,这也符合捻军老巢中心的发展情况。袁甲三在另一处重复道:“从前之贼专以野战为能,近则筑圩屯踞,贼垒林立。”③捻军在战术上的变化是第一件使袁甲三感到烦恼的事情,因为这种新的防御方式将他的军队赶出了捻军区域,并迫使他于1857年之后在捻军区域之外建立营地。

袁甲三军队的撤离引出一些重要的问题。是什么力量把政府的军队赶出了这片地区?圩寨社区作为防御单元是如何发挥作用的?

起先,圩寨的修筑是在政府的资助和鼓励下进行的。其目的是将附近村庄的粮草等全部搬入有守卫的圩寨中,使“劫匪”野无所掠。④ 这种做法有一个专门的术语,即“坚壁清野”。现如今,捻军却把圩寨变成为他们服务、实现他们目的的工具。圩寨
69 的功能依旧没变,但现在它是用来反抗政府的。1856年之后,捻军在其巢穴四周方圆二百里的范围内推行焦土政策。⑤ 至1857

① 袁甲三,函牍,卷1,第25页。
② 《方略》,卷17,第16—17页。
③ 袁甲三,奏议,卷13,第51页。
④ 《方略》,卷11,第5页;卷58,第3页。
⑤ 同上,卷14,第6页;卷88,第13页。

年,捻军已经完成了对安徽—河南边界的清理。[①] 在亳州与河南东部之间,扩充出一片长三百里、宽二百里的杳无人烟的土地。在这片无人区内,土地上的粮食被清理殆尽,井亦全部填塞。若清军在没有携带粮草及饮用水的情况下贸然进入该区域,便只能遭受饥饿与干渴的折磨。[②] 在到达捻军巢穴后,他们会发现,除了四处林立的圩寨外,整个区域都和外围地区一样贫瘠,因为捻军已经将田中的农作物全部收割并储存于圩寨之中。圩寨像一座座堡垒般矗立着,它的后面隐藏着当地的居民。若清军仍试图试探这些堡垒的防御强度,他们会发现,所有的成年男性都聚集在圩主的领导下奋力抵抗,妇女及年幼者也都执木掀、扫帚,通过扬土来帮助御敌。[③] 当携带的食物耗尽后,清军唯一的选择就是撤退。撤退往往是灾难性的,曾经空旷的土地会突然涌出无数的袭击者,全方位地攻击这些疲惫不堪、四散逃离的清军。这是在1856年年底捻军给河南军队上的一课。在接下来的一年,即1857年,捻军将营垒与深沟看作是最佳的防御手段,并由内而外地进一步扩大了筑圩范围。面对这样的防御网络,河南军没有勇气去进一步冒险渗透。在东侧,袁甲三作了一些尝试,但也都徒劳无功。捻军不仅击退了他的进攻,还进行了有力的回击。[④]

当然,这种防御方式依赖于百姓全心全意的忠诚。没有它,捻军就不可能执行“坚壁清野”的政策。人民对捻军的支持是清军散漫无纪的结果,他们损害了人民的利益,使百姓对其怨声载道。据曾国藩所言,山东、河南两省及安徽北部的民间圩寨已

---

① 《豫军纪略》,卷6,皖匪二,第13—15页。
② 《方略》,卷16,第23页。
③ 《山东军兴纪略》,卷14(下),第5页。
④ 袁甲三,奏议,卷9,第23页。

70 “恨兵如仇”。[①] 在河南，民间圩寨闭寨自守，对清军紧闭大门，因此官兵无从购买粮草补给。在兵民相仇之地，百姓常借机与留守士兵为难，有些夺其衣物器械，有些甚至戕其性命，活埋兵勇。[②]

作为一种有效的抵御敌人进攻的工具，捻军并不仅限于在他们的家乡范围内使用圩寨。在任何需要阻挡追击敌人的地方，捻军都竖起了高墙。张乐行在泗州时曾占领一个民圩，并在西北方向另筑一新圩以为援应。[③] 在河南，为了躲避清军，捻军占领了众多民圩并将它们转变为防守要塞。[④] 捻军甚至将这一方法扩展应用到城市防御之中。1857 年至 1860 年，如前所述，捻军先后夺取了淮河流域的一些城市，分别是凤阳、怀远、临淮关以及定远。围绕着这些城市的城郊地带，捻军在清军的包围圈前竖起了十多座营垒。[⑤] 除了这种纯粹的防御用途外，圩寨也经常修筑在交通要塞之处，其目的是保障捻军的补给供应，同时切断敌人的补给线。1858 年，沿着浍河发生了一系列围绕建立据点的交战。袁甲三命令苗沛霖麾下的团练在浍河北岸修筑练营五座，以“紧扼贼吭”。[⑥] 面对这一威胁，捻军在敌人营垒周围连夜修筑十一座圩寨以为对策。此后，这条线上政府获得补给需要通过的所有关键哨所都由新修建的捻军圩寨控制。[⑦] 当时，浍河盆地已经被公认是完完全全属于捻军的区域。正因为对自己攻破捻军巢穴

---

① 曾国藩:《曾文正公全集》，批牍，卷 3，第 58 页。
② 《霆军纪略》，卷 10，第 16 页。
③ 《方略》，卷 56，第 18 页。
④ 《方略》，卷 87，第 19 页。
⑤ 袁甲三，奏议，卷 13，第 1 页。
⑥ 袁甲三，奏议，卷 9，第 61 页。
⑦ 同上，奏议，卷 9，第 33 页。

的能力没有信心，袁甲三才求助于苗沛霖的练勇。但捻军更擅长使用圩寨的事实使袁甲三的努力沦为泡影。

捻军的战术也有其机动性的一面。上一章中曾提到，每年春秋两季，捻军都会援旗麾众，发起远征。出发前，他们先要召集各旗。对于这一步骤，捻军有一个专用的术语——装旗。装旗之前，必先演戏。[①] 他们会先派出游骑沿途放火。这些游骑也有一个专用的术语，即“边马”。边马的主要任务是探明在预定的目 71
标附近是否有强大的清军。[②] 捻军知道如何躲避强敌及如何偷袭敌人的弱点。他们与对手接仗的方式与太平天国不同。对于两者的差异，僧格林沁作了这样的比较：

> 捻逆巢穴近在腹地，马贼较众，行走尤疾，各旗合股时多，分窜时少，出巢掳掠，不肯远去。一遇官兵紧追即奔回老巢，每与交仗，非鏖战数时，短刃相接，不能取胜，此臣从前在皖剿办张落刑(张乐行)等匪所亲见者也。其各股发逆，离巢久远，现有大江阻隔，回巢金陵亦属非易，且马贼少而裹胁多，行走疾徐与我步队相等，每与交仗，一经我军冲压，贼即披靡，此臣刻下进剿发逆所目睹者也。[③]

曾国藩和左宗棠也持有同样的观点。他们认为对付捻军远比对付太平天国更困难。[④]

捻军的圩寨使他们能够坚守自己的巢穴而顶住猛烈的攻击，

① 《方略》，卷127，第16—17页。
② 王定安：《求阙斋弟子记》，卷11，第1页。
③ 《方略》，卷214，第33—34页。
④ 曾国藩：《曾文正公书札》，卷25，第6页；卷26，第56页。

捻军的骑兵使他们能够避开强敌，并出其不意地攻击较弱的敌人。因此，“飘忽不定”是捻军骑兵最主要的特征。这也是政府官员们所公认的捻军与太平军的主要区别。上述引文表明，清军的将领们并不惧怕捻军，但是捻军没有给他们提供面对面对决的
72 机会。直隶总督刘长佑[①]（1818—1887 年）说得很清楚：“该匪既不负隅据守，复不转战相持，甫得探明确踪，倏又分驰旁窜。”[②]捻军很早就采用了这样的方法。1855 年，张乐行与龚得联手制造了进攻颍州的假象，当清军被成功地引到那个方向时，他们转而驱使部队向南进攻蒙城和怀远。[③] 19 世纪 60 年代，在捻军被赶出老巢后，他们的踪迹比以往更加飘忽，因为他们找不到躲避追兵的办法，只能四散开来以迷惑敌人。在鄂、豫、皖边界，军事形势常常瞬息万变。[④] 在这期间，捻军坚持不与清军直接交战的原则，引诱清军来回奔波，直至其疲惫不堪。1864 年到 1865 年，捻军与僧格林沁的作战就是这种方法的典型代表。1865 年春，捻军在湖北和河南之间移动，而僧格林沁的骑兵总是紧随其后。之后，捻军突然从河南西部出发，穿过河南东部，继而向山东方向疾行，不到十天，捻军就出现在了山东。从那里，他们又向东南推进到江苏，接着又转回到山东。不到一个月的时间里，捻军纵横穿越了四个省份。[⑤]

捻军以闪电般的速度在几个省份间迅速穿梭并不仅仅是为了拖垮追击的清军。王定安对捻军的飘忽战术进行了解释：

---

① 恒慕义，第 515 页。

② 《方略》，卷 183，第 23 页。

③ 《方略》，卷 24，第 13—20 页。

④ 同上，卷 225，第 15 页。

⑤ 王定安：《湘军记》，卷 16，第 6—7 页。

> 每侦官军至，避走，若不及，或穷追数昼夜，乃返旗猛战，以劲骑分两翼抄我军，马呶人欢，慓疾如风雨，官军往往陷围不得出。[①]

捻军从不毫无目的地奔波。他们像疯狂的野兽一般不停地奔跑着，直到环境允许他们转身回噬身后精疲力竭的猎人。每名骑兵通常配有步兵一到两名，他们都手执长矛，随马队如洪流一般冲向敌人。同时，他们四面设军，层层围裹，一波接一波地从侧翼包抄敌人。[②] 这就是捻军在 1865 年时用来诱杀僧格林沁的策 73
略。在此之前，僧王的主要副手——恒龄、舒通额、苏克金都是被以这种方式杀死的。[③] 但这些将领的先后失败并没能使僧格林沁从中吸取教训，反而进一步激怒了这位王爷。他决心不惜一切代价来追击捻军，为自己雪耻。僧格林沁对朝廷的一切警告都充耳不闻，[④]每日行进二百里，寝食俱废。[⑤] 在他的手被缰绳磨起水泡后，他以布带束腕，再将布带系在脖子上，继续驭马追赶，跟随着他的部队更是早已极度疲惫。捻军认为时机已经成熟，便转过身来面对他们的敌人。捻军首先消灭了僧格林沁的主力，接着在曹州以南十五里的一座荒圩中包围了僧格林沁。夜幕降临后，在荒圩外的树林里，僧格林沁冒死突围未遂，被埋伏者包围并攻击。在那里，他被杀害了。[⑥]

这次大胜极大地鼓舞了捻军的士气，大大增强了他们的实

---

① 王定安：《求阙斋弟子记》，卷 11，第 1 页。
② 袁甲三，奏议，卷 8，第 37 页。
③ 薛福成：《庸庵笔记》，卷 4，第 1 页；王闿运，卷 14，第 8 页。
④ 《方略》，卷 207，第 2 页。
⑤ 薛福成：《庸庵笔记》，卷 4，第 1 页；王定安：《求阙斋弟子记》，卷 11，第 1 页。
⑥ 薛福成：《庸庵笔记》，卷 4，第 2 页；王定安：《湘军记》，卷 14，第 8 页。

力,并坚定了他们运用机动战术与飘忽战术的信心。作为接任僧格林沁的将领,新任钦差大臣曾国藩也遭遇了困扰其前任的同样的问题。他向李鸿章抱怨道:“捻匪势极猖獗,善战而不肯轻用其锋,非官兵与之相逐相迫,从不寻我开仗。偶战则凶悍异常,必将马步层层包裹,困官军于垓心,微有不利,则电掣而去,顷皆百里。”[①]他又对李鸿章说道:“淮、湘马队不如贼匪远甚,不得不竭力操练。远近责望皆萃吾二人之身,中夜以思,忧灼何极!”[②]捻军的快速与机动凸显出曾国藩的迟缓,而这又反过来使朝廷感到
74 失望与不安。有关太平天国的征服者在捻军面前变得无能为力的弹劾导致了曾国藩的卸任。

曾国藩的接任者李鸿章亦看不到成功的前景。在李鸿章来到前线后的短短数月,捻军便打败了他的头号干将刘铭传,并几乎消灭了他的全部力量。[③] 在被镇压的四个月前,东捻军仍在继续他们的老战术。在有利的地理条件下,他们便包抄设伏,出其不意地包围敌军;若地理条件不利,则飘忽径去,留下新加入的和经验不足的追随者来满足敌人,并以此来减缓清军的追击。[④] 后来,在西捻军返回到直隶南部时,张宗禹嘲笑了任柱的迟钝。他将东捻军被镇压的原因归结于他们没有正确地运用回避战术。张宗禹认为,官军能战应不与战,专以走疲之,则可常活。捻军要做的就是避免与清军直接交战,慢慢地将敌人消耗殆尽。[⑤] 他严

① 曾国藩:《曾文正公书札》,卷 26,第 15 页。湖北巡抚曾国荃在 1865 年也曾有过同样的抱怨。他告诫他的部队要坚守自己的位置,以防其阵营被汹涌的捻军骑兵冲破。他还阻止其士兵追击捻军,以避免遭遇埋伏而吃大亏。(曾国荃:《曾忠襄公书札》,收录于《曾忠襄公全集》,卷 9,第 29 页)

② 曾国藩:《曾文正公书札》,卷 26,第 15 页。

③ 《清史稿》,卷 196,第 9 页。

④ 《方略》,卷 283,第 20 页。

⑤ 李鸿章,朋僚函稿,卷 8,第 5 页。

格地遵守了这条准则。在他进入山东后，未及半月，就盘旋“一千数百里”。大约二十万之多的清军在五名将领的带领下日夜追逐，每日疾驰一百三十余里，却仍没有获得任何与捻军正面交锋的机会。①

清军被迫认识到，对付固定的圩寨最好的方法就是阻止捻军返回其老巢，而制服横扫千军的捻军骑兵的方法是限制他们的机动性。骑兵问题还是次要的，圩寨才是捻军组织的根本。除非清军能保持对捻军老巢的控制，否则他们是无法阻止捻军回到其巢穴的，而只有赢得人民的支持，清军才可能实现这一目标。1865年前，皖北的政府官员们尚未能理解捻军组织的本质，又怎么能指望他们采取有效的行动呢？这个问题的答案涉及捻军和清政府间的斗争。

① 丁宝桢：《丁文诚公奏稿》，卷2，第30页。

第二部分

捻军与清政府的斗争

第一章　1865 年前清军在军事前线的失败

19 世纪 50 年代，张乐行成功地将淮北地区的地方力量整合 75
成一支用来对抗日益衰弱的清王朝的地方性武装势力。然而，如前所述，捻军并不是当时出现的唯一的地方力量。除捻军之外，还有许多的“中间势力”，他们既敌视政府，也对捻军抱有敌意。1862 年，政府将部分湘军也带到了淮北舞台之上。[1] 至此，在原本就存在的捻军势力、多方“中间势力”以及帝国势力三股力量角逐的情形下，政府又为其注入了另外一支地方势力，淮北的局势进一步复杂化。捻军与站在政府一边的各方势力的斗争、帝国维系者与地方“中间势力”的冲突、各“中间势力”之间的对抗以及帝国军队与地方军队之间的摩擦，这些共同构成了 1865 年前力量混杂的淮北平原的复杂局势。

1858 年到 1865 年，帝国军队是对付捻军的主要力量。皇帝派吕贤基、袁甲三等官员回其家乡操办团练，以协助清军完成剿

① 王廷安：《湘军记》，卷 7，第 9 页，第 11 页。1860 年三月，江南大营（在南京城外负责处理太平军事务的帝国军队）的倒塌迫使咸丰皇帝任命湘军将领曾国藩为两江总督。这意味着帝国开始接受威胁较小的地方势力。在 1861 年至 1862 年，淮南平定，湘军得以进入淮北。曾国藩派了他的一支部队前往淮北，并在临淮建立其总部。

捻事宜。[1] 然而,之后发生的事情表明,这项举措并没有取得预期的成果。1862 年后,虽然湘军的势力已经进入淮北,但对抗捻军的主力还是僧格林沁的骑兵。这一时期,淮北没有组建任何的地方势力,而出现在其他地区的地方势力都正忙于遏制太平天国起义。

76 但是,帝国军队有能力击溃捻军吗?与帝国统治机器的其他部分一样,八旗军与绿营军早在起义军崛起之前就已经腐败了。[2] 政府试图以这些早已腐朽的军队来担起剿捻的重任,就已注定无法在这一阶段的斗争中取得胜利。

正规军的不足首先表现在对“根除捻巢”政策的执行上,这是官员们为了应对捻军坚固的圩寨而制定的政策。从官方角度来看,这一政策是正确的,之后在 1867 到 1868 年接替了正规军剿捻事业,并成功镇压了捻军的新统帅并没有对其作出改变。然而,在 1865 年之前,正规军的无能使得这项政策无法顺利执行。

雉河集是官员们想要“根除”的主要目标。[3] 该集位于三省交界处。驻扎在河南和江苏边界的驻军认为,插足其他省份的军

---

① 详见第二部分第三章。

② 八旗军包括满族八旗、蒙古八旗与汉族八旗。他们是帝国军事力量的支柱。绿营军是由汉人组成的正规军,与八旗军平行。对于八旗军与绿营军而言,无论他们驻扎在帝都还是各省,都受中央集中控制。详见 Michael, *Military Organization and Power Structure of China in the Nineteenth Century*, unpublished manuscript.

③ 1853 年,多股捻军在雉河集出现,同年春,其抵抗清军的行为引起了官方对此地的注意。(袁甲三,奏议,卷 2,第 38 页)不过此后的两年,当地清军仍可自由地往来该处。(同上,卷 5,第 19—20 页)根据胜保所言,及至 1855 年七月,捻军人数尚不及一两千人。由于政府官员治理不善,白龙王庙、惠定圩等地落入捻军手中。尔后,雉河集成为捻军老巢,并以此为中心扰动了三省。半年后,捻军五旗在雉河集正式升起。此后一直到 1864 年,除了两次短暂地被清军占领,这里一直是捻军控制区域的中心,也是政府“根除捻巢”政策的主要目标。

务是不明智的做法。尤其考虑到捻军向来飘忽的行踪,驻军将领更是不敢轻易派其兵力前往隔壁省份,而把自己的哨所暴露在捻军可能的袭击之下。雉河集的位置表明,除非政府官员们能够联合作战,否则任何进攻行动都注定以失败告终。河南巡抚英桂向皇帝提出联合剿捻的建议,于是,皇帝任命武隆额为三省提督 77
(河南、安徽及江苏),三省会剿兵勇悉归其调度。[1] 但在联合剿捻计划付诸实施之前,捻军先接过了主动权。当武隆额还在为他只有五千人马而与朝廷争论之时,捻军给了这位新指挥官重重一击。[2] 武隆额在捻军面前溃逃,并在不到十天的时间内连失五地(1855 年十一月)。[3] 这场灾难性的失败导致了第一次联合作战计划的流产。武隆额的胆怯激怒了朝廷,政府于是将联合指挥权移交给河南巡抚英桂,并命袁甲三随同协办。[4] 但武隆额不应独自承担此次失败的责任,第一次尝试的失败应归咎于那些从三省抽调来的军队。

1856 年五月,三省联军集体向雉河集推进,并成功地占领了雉河集。[5] 尔后,袁甲三命西凌阿及其麾下四千骑兵驻守此地。然而,作为满人的西凌阿正如其他的满族士兵一样无能,他在面对一支骑兵规模远小于己方的捻军时不战而退,撤出了雉河集。[6] 同一年,河南军队又进行了一次尝试,并顺利深入皖境之临淮。但安徽总兵崇安,一个满族人,没有选择率部向前推进与

① 《方略》,卷 9,第 21 页。见表 6

② 《豫军纪略》,卷 6,皖匪二,第 13—15 页。《方略》,卷 10,第 13 页;卷 20,第 21 页,第 28—29 页。

③ 《豫军纪略》,卷 6,皖匪二,第 13—15 页。

④ 《方略》,卷 11,第 23 页;卷 13,第 20 页。英桂的河南绿营军得到了直隶、陕西、山西正规军的增援(同上,卷 13,第 20—22 页)。

⑤ 同上,卷 23,第 13—18 页。

⑥ 《方略》,卷 23,第 18 页;卷 20,第 2—3 页。

河南军会合，而是连夜奔逃，退至亳州城内，兵勇仅剩二十余人。[①] 崇安的溃败是由一支仅有数百人的捻军的偷袭所造成的。

尽管朝廷再三催促英桂加快进攻的步伐，但安徽军队的胆怯和不配合使他备感失望，他不顾皇上的命令，阻止了其部队越过边界。[②] 他将自己的失败归咎于其他两省军队的行动迟缓，而他们大部分也都是正规军。[③] 安徽巡抚福济认为，鉴于安徽军队的主力仍被太平天国牵制在庐州，河南当局应将平定安徽境内的捻军视为己任，因为捻军老巢紧邻河南东部边界。[④] 然而，河南巡抚争辩道，在其他两省配合的缺失下，他亦无法独自执行联合剿捻计划。因此，除软弱外，如何有效分工也是正规军面临的一大问题。

78 **表 6　剿捻统帅表**

职位	姓名	任期	本任	驻地
协办安徽团练	周天爵	1853 年二月—1853 年十月	兵部侍郎卫	皖北
协办安徽团练	袁甲三	1853 年三月—1855 年四月	兵科给事中 左副都御史	皖北
三省提督	武隆额	1853 年十月—1853 年十二月	提督	皖北
督办三省剿匪事宜	英桂	1856 年一月—1858 年九月	河南巡抚	归德

① 《方略》，卷 23，第 17—18 页。
② 同上，卷 20，第 21—26 页。
③ 《豫军纪略》，卷 6，皖匪二，第 19—20；《方略》，卷 14，第 21—23 页。
④ 《方略》，卷 14，第 1 页。

续表

职位	姓名	任期	本任	驻地	
督办豫皖间剿匪军事	袁甲三	1856 年八月—1858 年二月	候补三品京堂	亳州	
钦差大臣 督办安徽军务	胜保	1858 年八月—1860 年一月	镶黄旗蒙古都统	凤阳	
督办三省剿匪事宜	袁甲三	1858 年八月—1859 年二月	太仆寺卿	徐州	
督办三省剿匪事宜	傅振邦	1859 年二月—1861 年一月	徐州镇总兵	徐州	79
钦差大臣 督办安徽军务	袁甲三	1859 年十月—1862 年八月	署漕运总督	临淮	
督办安徽剿匪事宜	胜保	1860 年一月—1860 年六月	蒙古都统		
钦差大臣 督办剿捻军务	僧格林沁	1860 年十一月—1862 年八月	科尔沁亲王	山东 皖北	
督办徐宿剿匪事宜	田在田	1861 年一月	太原镇总兵	徐州	
钦差大臣 督办山东剿匪事宜*	胜保	1861 年四月—1861 年八月	候补三品京堂	山东	
钦差大臣 督办豫皖间剿匪事宜	胜保	1861 年八月—1862 年八月		皖北	
钦差大臣 统辖鲁豫军务及 直晋防兵	僧格林沁	1862 年八月—1865 年五月		山东 河南 湖北	

此表摘自郭廷以《太平天国史事日志》,附录,第 153—154 页。

* 原文为“督办三省剿匪事宜”,郭廷以书中为“督办山东剿匪事宜”。

80 之后，胜保接替英桂成为处理捻军事宜的主要官员，但他的主要任务是收复淮河沿岸的城市。这一时期，实际督办三省军务的是袁甲三。① 六安之战后，袁甲三带军一千余人东进徐州，以期消灭捻军老巢。② 曾经让英桂难堪的局面并没有好转。袁甲三曾被许诺可以在徐州得到一支一千人的军队，但最后仅有不到一百人来他的营地报到。山东拨付与他的兵勇不足一百五十人。河南不仅没有派兵增援，还截留了途经河南前往徐州的一支人数上千的陕西军队。可见，提议中的三省联军是不可能实现的。③ 于是，1858 年的冬天，袁甲三修改了他的计划。他不再要求山东
81 与河南的军队听命于他，而是希望两省的巡抚在他由东侧推进时在西侧予以协助。④ 对于这一请求，两省答复道，当他们各自的边界仍暴露在敌人面前时，他们无法调派兵力深入捻军控制区。⑤

在皖北官员仍不愿坦率承认他们无力进攻时，皇帝已经做出了决定。1860 年一月，皇帝命胜保赴河南督办河南军务，袁甲三督办安徽军务，徐州、宿州一带则由提督傅振邦负责。每人各有专司，各自守着自己的防御线，自此之后，捻军从何处入侵，则该

① 《方略》，卷 46，第 31 页。胜保的军队招募于陕甘军中，他的八千名士兵中，有三千名是正规军。（同上，卷 38，第 8 页；卷 53，第 8—9 页；卷 63，第 3—4 页）

② 同上，卷 44，第 3 页。1857 年，袁甲三率领的一千人中有八百人来自河南与徐州的正规军。（同上，卷 5，第 6 页）六安战役后，在他转而东进前往徐州与宿州时，他得到了英桂手下的一千名陕甘兵、胜保手下的一千二百名陕甘兵，以及山东、直隶、湖南和四川留下的部分残兵。（同上，卷 44，第 3—5 页；卷 53，第 1 页；卷 8，第 12 页；卷 9，第 2 页。袁甲三，奏议，卷 8，第 3 页，第 11 页，第 33—34 页；卷 13，第 51 页）

③ 袁甲三，奏议，卷 8，第 19—20 页。

④ 《方略》，卷 54，第 23 页。

⑤ 《山东军兴纪略》，卷 3（下），第 2 页。

处驻防官员须对其负责。① 显然，这是一种消极的政策，是对之前试图用三支协调不力的军队来摧毁捻军巢穴的不切实际的政策的扭转。

帝国军队的软弱也导致用来对付捻军骑兵的措施陷于瘫痪，而骑兵是捻军的第二件武器。根据袁甲三的观察，1859 年后，捻军"马贼合计不下二万骑，虽不能及官军队伍整齐，技艺娴熟，而以多为强。官军之数不及贼马十分三四，往往被其抄裹。"②由于每名骑兵每月需银钱二两，所以，若政府官员想要维系与捻军同等数量的马匹，即两万匹，则每月需用银四万两。③ 因此，官员们认为，虽然捻军以其马匹数量为豪，但清军更应该强调马匹的质量，五六千匹出色的战马就足以应对捻军了。④ 官员们对优质马匹的渴望使得从关外购马成为他们最为关心的问题。表 7 将大致罗列朝廷对这些购马请求的回应。⑤

表 7　朝廷对剿捻军队的马匹支援 82

日期	马匹数量	来源	去向
1855 年十月		吉林	安徽
1856 年八月	2000	察哈尔	河南
1856 年十月	500		安徽
1856 年十二月	500	察哈尔	徐州

---

① 《方略》，卷 73，第 1—2 页。
② 袁甲三，函牍，卷 1，第 25 页。
③ 萧一山：《清代通史》，第 393—394 页。
④ 袁甲三，函牍，卷 1，第 25 页。
⑤ 《方略》，卷 9，第 30 页；卷 19，第 33 页；卷 21，第 10—11 页，第 33 页；卷 22，第 9 页，第 29 页，第 37 页；卷 23，第 3—4 页；卷 26，第 1 页；卷 28，第 9 页；卷 29，第 30—31 页；卷 45，第 14—15 页，第 30 页；卷 55，第 13 页，第 21 页；卷 60，第 2—3 页；卷 65，第 4—5 页。

续表

日期	马匹数量	来源	去向
1856年十二月	500	吉林	安徽
1857年三月	500	直隶	安徽
1857年五月	400		安徽
1858年六月	3000—4000	察哈尔	徐州
1858年六月	4000—5000	察哈尔	安徽
1858年十二月	250	黑龙江	河南
1859年五月	500	黑龙江	徐州
1859年五月	500	黑龙江	安徽
1862年一月	1000		皖豫边界
1862年一月	522	西安	皖豫边界

表7只包含了中央政府增援给与捻军作战的清军的马匹。它不包括这些指挥官在1855年以前自有的马队,例如那些通过其他渠道获得的,或是僧格林沁的军队以及之后的湘军、淮军带来的马匹。不过,这张内容不甚完整的表格依然清楚地表明,中央政府持续地、每年多次地向这三个省份输送骑兵及马匹,其总数超过了一万五千之多。这个数字驳斥了“五六千匹出色的战马便足以应对整个捻军骑兵”的说法。此外,帝国骑兵也拥有与其步兵同样的弱点。增援的骑兵与马匹没有被分配到统一的指挥之下,而接收了增援的满族将军们,如崇安、西凌阿、德楞额,其能力都不足以担任指挥官。[①] 骑兵的素质也参差不齐,官员们就

① 安徽北部、江苏北部、河南东部以及山东南部的政府骑兵大多由满族将领指挥。崇安、德楞额以及西凌阿都包括其中。关于德楞额的事迹,可见《方略》,卷87,第4—5页。

常常抱怨绥远新兵的疲弱。[①]

如果说中央派遣的增援部队和马匹产生了什么效果的话，那便是捻军地区一众指挥官之间的分歧进一步增加了。通常，马匹从北方运往安徽时须途经河南。河南地方当局便利用他们的位置优势，多次扣留运送往其他省份的骑兵。[②] 此事大大激怒了安徽巡抚，由此引发的纠纷进一步扩大了两省之间的“鸿沟”。当安徽当局拨派骑兵前往河南，协助河南军队阻止捻军的进攻时， 83
这支马队却在事后被扣留在了当地，安徽巡抚认为这种行为是无法容忍的。[③] 最后，河南当局释放了这支骑兵，但在他们途经徐州前往怀远时，徐州守军又将其扣留了下来。[④] 由于徐州在安徽以北，也是增援部队的必经之地，因此，徐州与安徽之间的纠纷亦时有发生。[⑤] 抛开其他因素，单是关于马匹的争吵，就足以把本该联合起来对付捻军的三省军队分离开来。

同样的问题也存在于科尔沁亲王僧格林沁治下的骑兵之中。1860 年，僧王应河南巡抚瑛启[⑥]及袁甲三的请求，承担起在山东—安徽边界剿捻的任务。[⑦] 瑛启指出，僧格林沁的出现将为打破淮河流域的僵局带来巨大希望，因为其麾下的一万余名满族与蒙古骑兵皆是劲旅。袁甲三向皇帝保证，弱小的捻军骑兵根本无法与这位英勇的王爷相抗衡。袁甲三随后又提议，自督抚提镇而下，所有官员都须服从僧格林沁的调度，并请饬直隶、山东、河南

① 《方略》，卷 72，第 3 页。
② 同上，卷 21，第 10—11 页；卷 28，第 30—31 页。
③ 同上，卷 22，第 9 页，第 15 页。
④ 同上，卷 22，第 37 页。
⑤ 同上，卷 21，第 33 页；卷 110，第 2—3 页；卷 65，第 4—5 页。
⑥ 《豫军纪略》，卷 8，皖匪七，第 19—20 页。
⑦ 《项城县志》，卷 22，第 16 页。袁甲三在这里指的是 1859 年僧格林沁与英法舰队的交锋。

三省官员筹措军饷二十万两以备僧王使用。[1] 在瑛启与袁甲三看来，僧格林沁的出现将弥补他们五年来所抱怨的一切不足。

的确，僧格林沁的军队是所有派来对付山东与安徽捻军中的最强大的一支。在一开始，僧格林沁的军队中就有满族步兵两千名、直隶绿营步兵五千名以及陕甘军四千名。[2] 这支军队的核心力量来自从黑龙江抽调的骑兵一千名，以及来自哲里木盟的骑兵五百名和来自昭乌达盟的骑兵八百名。此外，僧格林沁还从察哈尔挑选了一千匹马前往其营地，后又从土默特旗召集了骑兵五百
84 名。[3] 1864 年之前，在他指挥下，来自满洲和内蒙古的援兵一直维持在四千至五千名之间。[4] 至于他每月所需的十万两饷银，朝廷要求直隶财政负担主要部分，还有一部分来自山西。[5] 后来，在僧格林沁的军队向南推进后，他每月能从山东获得白银五万两、从河南获得三万两、山西两万两，外加上两淮盐厘的补贴。[6] 因担心这些饷银无法按时送达，朝廷特地下诏，命令以上省份不得拖延给付。拥有一支以充足的财政收入为后盾的庞大的骑兵部队一直是淮河流域众指挥官的梦想，现今，这个梦想似乎在亲王僧格林沁的部队中实现了。

正如袁甲三的言论所示，南部将领们对僧格林沁最大的期望就是他能够成为最高指挥官来协调分裂的各省军队。但这一点让他们失望了。当听到僧格林沁抵达山东南部的消息后，袁甲三

---

① 袁甲三，奏议，卷 10，第 41 页。

② 《方略》，卷 87，第 10 页。

③ 《方略》，卷 89，第 3 页；卷 98，第 8 页。

④ 同上，卷 88，第 25 页。在 1864 年被击败后，僧格林沁剩余的骑兵仅有两千人。（同上，卷 232，第 21 页）

⑤ 同上，卷 87，第 10 页。

⑥ 同上，卷 233，第 13 页。

即派出特使前往，向其报告此处的地理条件以及捻军的总体情况。但僧格林沁受手下伊兴额的影响，拒绝接见袁甲三所派之人。[1] 由于缺乏足够的信息，僧格林沁与捻军的第一次作战堪称一场灾难。[2] 僧格林沁对汉文不甚精通，因此在各营筹商军务时从不回信，同时在用人听言上也很容易受到欺骗。[3] 此外，他对自己的骑兵过于自信，这也使他失去了其他军队的同情。淮河平原上，各将领之间的分歧有增无减。僧格林沁的加入并没有从根本上改变政府在淮河平原舞台上的不利地位。[4]

骑兵本身也不是不可战胜的，尤其是在遇到不利的地理条件 85
时。1864 年上半年，捻军在河南—湖北边界游荡了五个月，受山脉与稻田的影响，此处的地形与河南—山东—安徽交界处完全不同。[5] 在这里，僧格林沁的马队几乎没有施展的空间。[6] 正是在这样不利的环境下，捻军在 1864 年八月的罗山战役中给了他致命的一击。[7] 他麾下的十二名重要将领皆在此次战斗中阵亡，这标志着僧军大厦倾倒的开始。这场战役后，僧格林沁发现了步兵

---

① 《方略》，卷 112，第 10—11 页。

② 同上。

③ 袁甲三，奏议，卷 15，第 12 页。

④ 《方略》，卷 162，第 10—11 页。一直到 1862 年秋天，僧格林沁才进入淮北。1860 年十二月至 1862 年八月间，他都在山东对付“教匪”。只有当捻军进攻山东时，他才与捻军有些许交集。1863 年初，他成功地占领了淮北并抓获了张乐行（见下章）。然而，还没来得及享受淮北胜利的果实，他就因为山东“教匪”的复燃又重回北方，捻军的中坚力量因此而得以保留。在他平定山东教民起义后，为苗沛霖第二次起义所困扰的朝廷官员急切地盼望他能重回淮北。僧格林沁在 1863 年与多方起义军的纠缠给了张宗禹机会，使其完成了捻军的重组。正是这股新生力量在 1864 年频频袭击僧格林沁，并于 1865 年初终结了他的生命。

⑤ 《方略》，卷 213，第 19 页。

⑥ 《方略》，卷 217，第 11 页。

⑦ 《方略》，卷 219，第 24—25 页。

的巨大作用,于是又从已解散的陕西乡勇中征召了两万名兵勇。[1] 这种对步兵的依赖意味着僧格林沁正式承认了其骑兵的无能。

就像其他帝国军队一样,僧格林沁的军队也普遍缺乏纪律性。他的下属大多冷酷专横,贪腐成性。[2] 有关其士兵"扰民"的抱怨从被压迫的人民中传出,僧格林沁却对此充耳不闻。多地民圩都对他紧闭大门,山东南部的一些城市在地方官的带领下对他进行抵制。[3]

僧格林沁的另一个缺点是轻敌。他在 1861 年至 1863 年取得的初步胜利助长了他的这种态度。1864 年,赖文光领导下的太平军余部加入捻军。(赖文光的营地距离张宗禹的营地很近,并且张宗禹从之前一年起就已经和太平天国一起并肩作战了。[4])十月,在安徽—湖北边界,其他由陈得才、马融和、梁成富等率领的太平天国残余力量被僧格林沁的骑兵以绝对优势击败。在那里,有数千人被屠杀,超过十万人放下武器受降。[5] 但是,僧格林沁并没有在对捻作战中取得同样的成功。赖文光的部队并入捻军,在很大程度上加强了捻军的实力。[6] 而僧格林沁从来都没有意识到这一点。对太平天国作战所取得的空前胜利使他异
86 常兴奋,尽管张宗禹的部队已经联合了河南捻首陈大喜的力量,但他仍然坚信当时张宗禹麾下的捻军不过五六千人。[7] 仅在他

---

① 《方略》,卷 219,第 24—25 页。
② 王闿运,卷 14,第 17 页。
③ 《方略》,卷 187,第 24 页;卷 209,第 3 页。
④ 《豫军纪略》,卷 11,皖匪十七,第 1 页。
⑤ 《安徽通志》,卷 108,第 26 页;《方略》,卷 222,第 20 页。
⑥ 《安徽通志》,卷 108,第 26 页;王闿运,卷 14,第 7 页。
⑦ 《方略》,卷 223,第 4 页。事实上,张宗禹已经成功地重组了一支强大的骑兵队伍。详见第一部分第六章。

做出这一估计后的一个月，被他轻视的捻军即在河南邓州一带大挫其锐气。[①]

在罗山与邓州之战的几个月后，捻军在山东曹州附近击毙了僧格林沁（1865 年四月）。[②] 他的军队是最后一支能够对捻军独立作战的正规军，也是中央政府能够从八旗军与绿营军中挑选出来的最后一支强大力量。它的灭亡标志着第一阶段“清捻”行动的结束。

① 《豫军纪略》，卷 11，皖匪十七，第 4 页；《新修南阳县志》，卷 8，第 21 页。

② 详见第一部分第六章。

第二章　1865 年前清军在政治前线的失败

帝国统治在淮北的崩溃是王朝衰败的另一个侧面。在它被摧毁后,捻军在这里建立了自己的统治机器,掌控着追随他们的百姓的忠诚。在 19 世纪 50 年代,官员们不断尝试收回失去的领地,"根除捻巢"的政策即体现了这一意图。但这个时期,人民是站在捻军这一边的。尽管政府官员可以偶尔实现对捻军巢穴的军事占领,但百姓都将他们视为外来者或敌人。他们的存在不仅引起起义首领们的反抗,而且也激起广大农村百姓的反感。人民的支持是"清捻"行动的关键所在。

官员们似乎还没有意识到这个事实。可以肯定的是,官员们已经注意到圩寨背后的百姓,包括妇女和儿童,都对捻军的到来给予了热情的支持,但他们没有认识到这正是捻军崛起的关键。他们常常抱怨,即使清军可以占领捻军巢穴,但一旦实施占领的军队撤退,起义的浪潮又会卷土重来。他们鲜少思考为什么不能长久地保有这些捻巢。因为没能发现捻军对人民的吸引力,导致政府官员们忽视了重新获得人民支持以及阻止人民进一步加入捻军的重要工作。他们失败的根源在于没有意识到这个问题,而不是因为这个问题无法解决。

李鸿章对此即批判道：

> 捻匪自咸丰六、七年间起于淮北，揭竿徒手，动辄数万，87
> 一战即溃。胜、袁诸帅忽剿忽抚，未从本原上用功。僧邸继以满蒙铁骑蹦之，扑灭数股，群捻奮栗，又未克妥善安插。致张总愚、任柱诸酋疑惧西奔，勾合窜陕。①

当僧格林沁攻入捻巢时，张宗禹和任柱都早已离去。李鸿章在这里所说的张宗禹、任柱因疑惧而西奔显然是错误的。但李鸿章对其前任们在这个问题上处理不当的批评是正确的。袁甲三后来也承认：

> 方今各路军务渐有起色，天下想望太平，惟民生凋敝，急需培养元气。且到处招抚之众，非尽洗心向化，民之玩法固等弁髦，民之视官亦同疣赘，非于培养元气之中整顿法纪。正恐伏莽再兴，患犹未艾。弟于乙丙之间(1855—1856年)，尝画破捻策，肃清淮北，只以撤兵太早，善后未筹，遂至死灰复燃，流毒迄于今日。②

袁甲三最终意识到了这个问题，然而为时已晚。他承认，真正令人遗憾的不是没能控制捻军巢穴，而是没有在占领后采取必要的善后措施。

1856年后，清军都未能占领雉河集，直到1863年初僧格林沁征服淮北后才再次占领成功。这一次，清军成功地征服了涡河

① 李鸿章，朋僚函稿，卷7，第1页。

② 袁甲三，函牍，卷2，第36页。

与淮河沿岸的数百座圩寨，擒获了十余名最高等级的捻军首领，
88 其中还包括张乐行。[①] 然而，除了军事上的胜利，官员们所取得的成就并没有比袁甲三更多。就像1856年的胜利一样，1863年的胜利也并没有摧毁捻军力量的根基。

在此事发生四个月后，袁甲三的儿子袁保恒起草了皖北善后事宜折，并将其上呈给了皇帝。其要点可归纳如下：(1)僧格林沁不宜轻离皖北也。应待捻军搜捕净尽，伏莽全清，人心大定，然后撤防。(2)宜守令有权、民知畏官也。政府应慎选守令，务得循良而假以事权，使守令得自行其威信，以恢复之前失去的尊严与权威。(3)宜添设州县也。应增设地方行政管理机构，以加强管理。(4)宜广兴学校也。宜于州县教官之外广设义学，以教化淮民，改其犷悍之习，以大雅革其斗狠之风。(5)宜亟行屯政以修武备也。因破坏造成的大量荒芜无主之田，一经查勘，应悉数归官，分配给屯兵垦殖。(6)宜整顿盐务以裕饷源也。对两淮盐务妥善经理，接济驻防、屯田经费。[②] 这些善后计划强调的重点是加强政府对淮北的控制。在旧有行政单位的基础上增设州县这一点得到了诸如两江总督曾国藩与安徽巡抚唐训方等省级行政官员的特别支持。[③] 政府在捻军曾经的老巢雉河集增设涡阳县，在苗沛霖曾经的大本营下蔡添设凤台县，以及之后龙山营的创立，都被认为是执行这项计划的结果。除此之外，安徽官员在善后事宜中成果甚微。

结果是，在张乐行被俘的一个月后，即1863年三月，当清军的主力被困在山东时，苗沛霖再次起义。在苗沛霖势力所及之

---

① 《亳州志》，卷8，第34页；《方略》，卷164，第24—25页；卷178，第1—5页。

② 袁甲三，奏议，卷1，第1—7页。

③ 《亳州志》，卷8，第34页。《方略》，卷180，第19页；卷232，第2页。

处，那些一度被官方收服和赦免的圩寨社区，皆热情地响应他的号召。①

与此同时，张宗禹也回到了他的家乡。1862 年十二月，张宗禹遵照张乐行的命令离开捻军老巢，前往寻求陈大喜的援助。②因此，次年春天，抓捕张乐行的行动并没有波及张宗禹。苗沛霖起义后，张宗禹迅速回到家乡。③ 此时，涡河沿岸的圩寨社区以自卫和反抗苗沛霖为借口纷纷装旗，重新结捻。④ 从淮南归来后，张宗禹发现，几个月前曾归顺政府的同伴都纷纷前来迎接，阜 89
阳一带投诚的捻军亦复聚众装旗。⑤ 他们推举张宗禹接替张乐行成为新的盟主。⑥ 张乐行之兄张敏行也回到了雉河集，在两个临镇西阳集与高炉集的支持下，他洗劫了清军留下的粮仓。⑦ 涡河两岸短暂的平静就这样被打破了。

收复故土后，捻军并没有停歇。一个月后，张宗禹率军攻豫境。⑧ 这次，他的离开又再次挽救了他的性命。1863 年十一月，僧格林沁第二次镇压了苗沛霖部，并再次肃清了捻军地区。⑨ 次年三月，张宗禹开始与从陕西韩庄撤出的太平军合作，一直到后

① 袁甲三，函牍，卷 2，第 29 页。

② 《豫军纪略》，卷 9，皖匪十三，第 6 页。

③ 《方略》，卷 190，第 2 页。

④ 《方略》，卷 189，第 11 页。

⑤ 《涡阳风土记》，卷 15，第 17 页；袁甲三，函牍，卷 2，第 32 页；《方略》，卷 190，第 12 页。

⑥ 袁甲三，奏议，卷 20，第 27 页。

⑦ 《续修蒙城县志》，卷 6，第 16 页。

⑧ 《豫军纪略》，卷 10，皖匪十四，第 1 页。该资料认为，由于毛昶熙的军队在归德重新扎营，张宗禹对此感到不安，故才弃巢而去。我不同意这一看法。毛昶熙在归德已驻守十年，其间，捻军曾多次在其防御范围内自由出入。所以，捻军为什么会突然对这样一个弱小的守军感到害怕呢？

⑨ 同上，皖匪十五，第 4 页。

者七个月后在湖北—安徽边界被镇压为止。[1] 之后，在僧格林沁的追击下，捻军在四个省份间穿梭。僧格林沁死后，他们继续在山东南部游荡，唯一的目的就是南下返回故土。[2] 最终他们成功了。回到家乡后不久，他们就再次建立起自己的圩寨社区。据官方描述，涡河两岸绵延数里，分布着蜂巢蚁穴般密集的圩寨社区。[3] 驻扎在雉河集的政府守军之所以能继续控制该地，仅仅是因为淮军派来的救援部队及时地赶到了。[4] 捻军能够两次返回巢穴，并且每次都能得到百姓的积极响应，表明官员在夺回捻军巢穴后几乎没有做任何重建工作。

政府官员对基础工作的忽视主要是因为他们将全部注意力
90 都集中在捻军坚固的圩寨上。圩寨的外在表象蒙蔽了政府官员对捻军本质力量的认识。他们认为，摧毁这些防御工事以及占领捻军巢穴便意味着控制权的恢复。但他们没有意识到，摧毁捻军的防御仅是完成了一半的任务。因此，即便僧格林沁在淮北取得了压倒性的胜利，也没能将该地区恢复到政府的控制之下。

当然，想要在这里恢复这些官员的政治地位就像恢复他们的军事地位一样困难。但是，在政府官员们成功地再次进入捻军区域之后，通过多方努力以重新获得人民的同情也并非一项不可完成的任务。

---

① 《豫军纪略》，皖匪十六，第 8 页。《方略》，卷 213，第 7 页；卷 216，第 17 页。见第一部分中的第五章、第六章。

② 《方略》，卷 235，第 25 页；卷 239，第 5 页。

③ 同上，卷 240，第 6—7 页。

④ 《续修蒙城县志》，卷 6，第 23 页。

第三章　争夺地方支持

政府官员在根除捻巢、镇压捻军骑兵以及赢得人民同情这三件事上全部败北。在捻军控制的地区之外，仍有大量的地方武装没有加入捻军。对官员们而言，将这些左右摇摆的武装力量收编入他们的阵营是相对而言比较容易的事情。如前所述，并非所有日益壮大的力量都以推翻既有政权的统治为目的。其中一部分打着自卫的旗号，保持着中立的态度，只要符合他们自身的利益，有些甚至会站在帝国这一方战斗。一些能力出众的士绅甚至在地方组建了强大的军队，江忠源、罗泽南、李续宾及曾国藩在其省内组建的湘军即属于这个类型。[①] 因此，地方团练成为起义军与清政府都感兴趣的目标。然而，即使这些不断壮大的地方力量对既有政权并不怀有敌意，但只要他们独立于现有统治者，那么，除非清政府官员与这些武装势力间有同乡或私人联系，否则不管其

---

① 湘是湖南一条河流的名字（湘江），也是湖南省的简称。这支军队是由湖南乡勇构成，因而被称为"湘军"。湘军的创建是一个庞大的研究课题，有非常多关于它的原始资料及二手资料。集中探讨此问题的成果有：王闿运的《湘军志》、王定安的《湘军记》以及罗尔纲的《湘军新志》。有关争取地方力量支持以及湘军出现的意义的内容，见 Michael, *Military Organization and Power: Structure of China in the Nineteenth Century*, unpublished manuscript；罗泽南（1808—1856 年），恒慕义，第 450—451 页；李续宾（卒于 1858），恒慕义，第 463 页；江忠源（1812—1854 年），恒慕义，第 163 页。

具有何种等级与官衔，都很难得到他们全心全意的效忠。

91 在淮河流域，位于捻军区域内的地方武装都将捻作为构建其力量的基础。捻军领域周围几乎所有的村庄都自发组织了地方团练，并用沟垒筑成圩寨来加固他们的村庄。当官员们谈及赢得地方力量的支持时，他们便不得不依赖于地方团练。问题在于，这些官员是由上级直接任命的，因此与当地缺乏必要的私人联系。

胜保曾多次尝试争取地方团练的协助。1858 年，淮河流域漫长的防线与人数甚少的军队之间的对比提醒着胜保正视淮河北岸地方团练的作用。胜保谕令一名团练首领在官兵无法覆盖的据点处协助防堵。[①] 次年，胜保重新组织了浍河与淮河之间的团练，他要求集十圩为一大团，每团各抽派练丁一百二十人轮流值守河道要路，另外派练长选带精壮练兵三百名往来梭巡。[②] 一年后，他又制定了另一项措施——在各团中抽取壮丁，和平时期勤加训练，战时听候统一征调。[③] 在前两种情况中，由于地方团练扮演的角色在时间上是临时性的，在本质上是辅助性的，因此并没有遇到当地村民的阻挠。但是，当胜保试图把后一项措施应用于河南的归德、陈州、光州，山东的曹县、单县时，遭到了地方练总们的强烈反对。他们分辩道，地方团练只应担负自己家乡的驻防任务，农民各有本业，不能为了训练或奔赴远处作战而放弃他们的本业。[④] 胜保还希望地方可以自备资金，为这些被选中的调

---

① 《方略》，卷 39，第 20 页。

② 同上，卷 65，第 24—25 页。

③ 《方略》，卷 76，第 10 页；卷 77，第 7—8 页。

④ 《豫军纪略》，卷 8，皖匪八，第 11 页；《方略》，卷 83，第 13 页；《山东军兴纪略》，卷 2（下），第 14—15 页。

防练丁筹捐粮米。[1] 于是练总又有了新的借口来扼杀胜保的计划。他们宣称，当地百姓对组织现有地方团练已经作出了很大的贡献，民财已殚，实在难以再维系一支纯军事化的队伍。[2]

胜保抽丁练兵，试图建立一支新军队的举措是对湘军模式的效仿，但如上所述，其结果迥然不同。上文中，练总以地方团练无法奔赴远处作战为由来拒绝胜保的计划，但这并非事实。在湘军 91,92
中，来自湖南的新兵除了在自己的家乡作战外，亦随军在外四处战斗。问题的根本在于地方众团练并不愿意服从胜保的领导。此外，胜保作为一名由朝廷指派的官员，只能行使帝国权威，而这种权威早就已经衰败了。

胜保还格外青睐"抚议政策"。在官方意义上，这一政策旨在赢得"中间势力"的支持，包括起义军阵营中的异己分子与之前提到的"第三种力量"。在胜保看来，捻军正是因为吸收了周围的中立力量而得以迅速扩大，那清军也可以通过同样的方式来增强自己的实力，同时起到孤立捻军的作用。然而，在政府官员尝试将抚议政策付诸实践之前，他们应该认识到，这些"中间势力"也都像捻军一样深深扎根于他们的本土村庄。除非官员们能够得到这些村庄村民的拥护，否则是无法真正使其归顺的。遗憾的是，官员们并没有看透这一点。当他们设计抚议政策时，他们只关心这些首领是否会接受政府授予的头衔。对于政府官员来说，首领的易帜即意味着该政策的成功。虽然抚议政策的制定既不是为了击破捻军的圩寨，也不是为了遏制捻军的骑兵，但它同样建立在政府官员对各起义组织的肤浅理解之上。

---

① 《方略》，卷76，第10页；卷127，第7—8页；卷83，第6页。

② 《豫军纪略》，卷8，皖匪八，第11页。

第一个接受胜保抚议的是淮南捻首李昭寿。[①] 虽然李昭寿很少与淮北捻军合作,但其力量的基础在本质上是相同的,它们都建立在当地人民的支持之上。1858 年夏,在与胜保达成协议之前,李昭寿已经将他的势力扩展到安徽东部的滁州、来安、全椒、五河、天长等城市。归顺之后,李昭寿继续占领着这些城市。他手下的士兵仍有约三万,尽管这个数字在正式报告中是一万五
93 千。所以李昭寿的投降事实上只是将他的名字由李昭寿改变为李世忠而已。两年后(1860 年五月),李世忠官至江南提督,他的军队增加至六万人之多。他还在其控制的区域内四处增设厘卡、征收厘金。此外,李世忠还擅自进行淮北私盐的运输与贩卖,公然蔑视政府法令及税收制度。[②] 在兵力与控制区域都保持原状的情况下,李世忠的归顺给他带来了更高的地位以及独立的财政资源。江苏北部与安徽北部的政府官员们都将其视为眼中钉,他的士兵与南方的湘军之间也不时发生摩擦。[③] 江淮地区的官员则满足于李世忠的消极贡献,将他作为在左侧挤入捻军与太平军之间的一枚楔子,他们也从未要求李世忠提供积极的支援。他名义上的指挥官是袁甲三,1861 年之后是曾国藩,他们都想尽一切办法来安抚他,希望他不要效仿苗沛霖。[④] 曾国藩有意地避免使

---

① 除了使用捻军的名号外,李昭寿与淮北捻军没有任何关系。李昭寿,河南固始县人,他在安徽边界霍丘组建了捻股,此处距离张乐行统治的淮北捻军有三百里之远。(王定安:《求阙斋弟子记》,卷 14,第 1—3 页)1853 年后,李昭寿招募兵勇、四处作战、决定投诚以及之后再次起义的行为都是他独立完成的,没有任何迹象表明李昭寿曾与张乐行合作过,李昭寿曾在张乐行渡过五河时袭击了他的船只,抢夺了其战利品。(同上,卷 14,第 2—3 页;《方略》,卷 46,第 25—26 页)

② 王定安:《求阙斋弟子记》,卷 14,第 6 页。

③ 同上,卷 14,第 10,第 13 页。

④ 同上,卷 14,第 17 页;袁保恒:《袁文诚公集》,收录于《项城袁氏家集》,奏议,卷 1,第 8 页;袁甲三,奏议,卷 11,第 45 页。

用李世忠的军队，尽量降低他的重要性。[1] 在收复了南京附近的九伏洲并镇压了苗沛霖的势力后，李世忠的地位就变得不那么重要了。于是，曾国藩立即与朝廷讨论解散其军队的问题，并于1864年一月完成这一任务，且因此而松了一口气。[2]

这就是胜保抚议政策的成果。有人可能会争辩说，李昭寿的归顺直接削弱了起义军的力量，并指出李昭寿在1858年归顺后也没有再次走上反清道路。[3] 但是在苗沛霖的案例中，抚议政策却酿成了苦果。

苗沛霖势力的发展是此时难以控制的地方武装力量的典型 94
代表。作为凤台县生员，苗沛霖在家乡的声望使他有资格领导当地的团练。1857年，他在寿州北部的下蔡修筑圩寨，并要求周围的居民移入圩内。同时，他还试图控制周边的地方团练。以下蔡为起点，他的影响辐射到宿州东南部、怀远及凤阳东部，以及淮河上游一带，辐射范围超过了三千个圩寨社区。[4]

在1858年八月向胜保投诚之前，苗沛霖已经将蒙城纳入自己的控制之下，他驱逐了蒙城县令，并在此处征收田赋。[5] 这次投诚只是合法化了他的权威。[6] 除征收田赋外，他还在淮河东段

---

① 王定安：《求阙斋弟子记》，卷14，第6页。

② 《清史稿》，卷212，第2页；王定安：《求阙斋弟子记》，卷14，第17页。

③ 李昭寿在归顺后仍然保持着骄恣的本性，但他与淮北捻军的关系并不融洽，同时，他对苗沛霖持有强烈的敌意。此外，当胜保被调任他处任职时，李昭寿依然接受了袁甲三与曾国藩的指挥。与此相反的是，苗沛霖将胜保当做其唯一信赖的上级，进而反对袁甲三与曾国藩的指挥。在胜保离开淮河领域后，苗沛霖在袁甲三以及新的安徽巡抚、淮军将领唐训方面前深觉不适。也许这就是李昭寿没有追随苗沛霖脚步的原因。（苗沛霖、胜保与湘军的三角关系过于错综复杂，此处不作赘述。）

④ 《续修蒙城县志》，卷6，第7页；《方略》，卷147，第29—30页。

⑤ 《方略》，卷31，第11—12页；《安徽通志》，卷54，第9页。

⑥ 《文献丛编》，第22期，第5页。

添设关税厘局进行抽厘，[1]且他在蒙城、颍上和宿州的团练接管了这些城市的行政权。[2] 寿州是个例外，因为此时的寿州是安徽巡抚的临时驻地，而该巡抚被与苗沛霖敌对的团练首领们所控制。[3] 1861 年一月，借着为在寿州被当地团练杀害的七名属下报仇为由，苗沛霖围攻寿州，十个月后，寿州被攻陷。[4] 在此期间，苗沛霖占领了淮河沿岸从霍邱到怀远的多座城市，将他的控制范围扩大到了宿州及蒙城，他在北部与捻军结盟，并接受了太平天国册封的秦王称号。[5] 1862 年春，随着胜保再次出现在安徽，苗沛霖也再次向他的主人屈身。[6] 但这次归顺持续的时间更为短暂，第二年春天，苗沛霖再次倒戈。[7]

虽然 19 世纪 50 年代的大环境对苗沛霖有利，但他的成功很大程度上归功于他自身的天赋。除了较强的组织能力外，他还很
95 有头脑，非常善于利用清军不同派系之间的敌对关系。苗沛霖不仅在这些敌对官员的分歧中找到了自己位置，并且通过从中挑拨来提升自己的地位。得益于他与胜保的亲密关系以及胜保与袁甲三之间的冲突，苗沛霖着手接管了淮河沿岸的关卡，打劫了袁甲三的补给船只，并最终将袁甲三的权力限制在孤城临淮。[8] 1863 年，在苗沛霖第二次向胜保投降后，他发现新任命的安徽巡

① 《清史稿》，列传 205，第 3 页。《豫军纪略》，卷 9，皖匪九，第 1 页。《方略》，卷 90，第 19—20 页；卷 109，第 20 页；卷 171，第 14 页。

② 《方略》，卷 92，第 18 页。

③ 《清稗类钞》，卷 7，第 159—163 页。

④ 同上。

⑤ 《续修蒙城县志》，卷 6，第 8 页；《宿州志》，卷 10，第 30 页，第 33 页。袁甲三，奏议，卷 14，第 22 页；函牍，卷 2，第 19 页。

⑥ 自 1857 年胜保与苗沛霖见面以来，苗沛霖就视自己为胜保的学生。

⑦ 《续修蒙城县志》，卷 6，第 15 页。

⑧ 《方略》，卷 78，第 17—19 页；卷 79，第 9—11 页；卷 40，第 19—20 页。

抚李续宜率领的湘军对他的安全造成了威胁。于是,苗沛霖利用以胜保为代表的帝国军队与以湘军为代表的地方势力相互之间的恶感,千方百计地想把湘军赶出自己的势力范围。[①] 当这些尝试失败后,苗沛霖转而求助于一位更加显要的人物——僧格林沁,他同样对湘军这样的地方势力感到厌恶。[②] 僧格林沁直接向湘军统帅曾国藩提出苗沛霖的诉求,并坚持让湘军从寿州、正阳撤军。为了保住僧格林沁的威信,亦为了避免与僧王发生不必要的摩擦,这位向来谨慎的统帅作出了让步。[③]

抚议政策产生了与其设计者的期望相反的结果。新的敌人开始威胁着清军的后方,而捻军则继续在前线构成威胁。此外,这一政策的执行加深了帝国军队与地方军队之间早已存在的分歧。对苗沛霖案的处理成为分歧的焦点,最终,胜保的反对者纷纷跳出来对其进行弹劾,而苗案则为弹劾的主要内容之一。[④] 该政策非但没有削弱捻军的势力,反而普遍增强了中间势力的力量。它不仅没有起到分裂敌人的作用,反而加速了清军的分裂。

1858—1860 年,担任安徽巡抚的翁同书是另一位试图结交地方武装力量的政府官员。与自身便拥有相当数量军队的胜保不同,翁同书以仁慈与不好战著称。[⑤] 因此,他运用地方团练的方式与胜保不同。在寻求当地团练的支持时,他并没有将额外的

---

① 《清史稿》,列传 145,第 5 页。《方略》,卷 144,第 25—26 页;卷 148,第 20 页。

② 王定安:《求阙斋弟子记》,卷 15,第 19 页;袁甲三,奏议,卷 19,第 5 页;《方略》,卷 224,第 8 页。

③ 《方略》,卷 167,第 16 页。

④ 《方略》,卷 147,第 14—15 页;卷 150,第 32—36 页;卷 163,第 6—8 页;卷 168,第 28 页。

⑤ 《清史稿》,列传 214,第 6 页。

96 训练及教导强加于其原有组织。1859 年,翁同书从定远撤至寿州,不得不依赖于当地练总徐立壮与孙家泰。由于无法令练总们顺从,这位巡抚只能尝试利用徐立壮、孙家泰与苗沛霖之间的恩怨。① 翁同书认为,只要徐立壮与孙家泰保持着对苗沛霖的敌意,那么他们就会服从他的领导,保卫寿州不被共同的敌人侵犯。然而,事态的发展证明翁同书的想法过于乐观。苗沛霖因嫉恨安徽巡抚被他的对手所掌控,于是一直在寻求消灭徐立壮的机会。如前所述,1861 年十月,苗沛霖攻陷寿州。进城后,他屠杀了孙家泰全族,此外,还屠杀了所有曾帮助保卫这座城市的团练首领,唯独放过了这位可怜的巡抚。苗沛霖留其性命的原因是他认为这位巡抚也可以为他所用。翁同书不仅没能利用地方团练,反而被地方团练所利用。在争取地方支持的角逐中,翁同书的命运远比胜保更加悲惨。

与中央官员的艰难处境形成鲜明对比的是,来自民间的将领很容易就赢得了地方的支持。例如,曾经的湘军将领李孟群在被任命为安徽布政使后,将从湘军中获得的经验运用到了安徽团练上。② 他从六安与霍邱的地方团练中挑选义勇两千余名组建了一支民兵队伍。对于民团本身,他建议政府给予他们积极的支持和指导,但应避免对其内部事务进行不必要的干预,即“适度控制”。③ 他还投身于六安灾民的善后事宜当中,这引起了胜保的嫉妒,但也在人民中播下了同情的种子。在胜保切断所有供应来

---

① 徐立壮初始时曾随苗沛霖一同组织团练,但后来,徐的力量发展到足以威胁到苗沛霖的程度。于是,苗沛霖杀尽徐立壮全家并掘其祖坟。(《清稗类钞》,卷 7,第 159—163 页;《续修蒙城县志》,卷 6,第 9 页)后来,徐立壮的一个族人也挖了苗沛霖的祖墓。(《安徽通志》,卷 106,第 11 页)

② 后来他接替福济成为代理安徽巡抚。

③ 《方略》,卷 34,第 13—14 页。

源的情况下，李孟群在长城镇拼死坚守半年之久，直到当地百姓无法再给他提供补给，他的士兵因饥饿而大量死去。六安被太平军攻陷后，李孟群被俘并遇害（1859 年二月）。[①] 随着李孟群的去 97
世，收编地方武装力量的最后一丝希望也熄灭了。

如果李孟群是因为死亡而没有机会来完成利用地方力量的计划，那么袁甲三的失败则是因为他根本没有抓住这个机会。袁甲三，河南项城人，在他的家乡淮河流域是一位著名的人物。项城位于河南与安徽西北部交界处，与捻军区域的边缘相连。1853 年，在太平天国占领南京并攻入皖北后，朝廷命吕贤基（安徽人）[②]由北京赴安徽筹办团练。在吕贤基的要求下，给事中袁甲三协助组织相关事宜。同年，朝廷命袁甲三统率当地团练，接管此前由周天爵负责的团练事务。因此，在 1853 年，袁甲三的具体任务是组织地方团练而不是指挥正规军。[③] 袁甲三仅是皇帝派去的多名官员中的一员，因为皇帝认为他们可以吸引其家乡百姓效忠。[④]

的确，袁甲三在早期就已经致力于这项任务了。[⑤] 他曾从宿州乡勇中挑选出三千人，将他们编为五营。[⑥] 1854 年，他被调往临淮，便令这些人散归田里。1856 年，他再次回到河南与安徽交界，在这里，他发现自己的声望是如此之高！他曾经的追随者们，同时也是他的同乡，皆满怀着希望与热情回到他的营地。[⑦] 数日

---

① 《光州直隶州志》，卷 5，第 68 页。

② 《清史稿》，列传 186，第 1 页；吕贤基（1803—1853 年），恒慕义，第 949 页。

③ 袁甲三，奏议，卷 2，第 33 页。

④ 袁甲三，卷首（下），第 2 页。

⑤ 袁甲三，奏议，卷 2，第 35 页；《方略》，卷 6，第 5—6 页。

⑥ 《宿州志》，卷 10，第 24 页；袁甲三，奏议，卷 3，第 51 页。

⑦ 袁甲三，奏议，卷首（下），第 18 页。

之内，他就募齐了三千人马。然而，他并没有利用这股忠诚组建新军，而是将陕甘正规军的残余部队作为他军队的核心。

有两个因素限制了袁甲三在利用地方武装上进一步发展。首先，他不信任他们。山东巡抚崇恩认为，尽管地方团练是一个很好的用来对付捻军的工具，但从长远来看，野心勃勃的练总会利用团练来扰乱当地的和平与秩序。[①] 袁甲三对崇恩的观点表示赞同。他一向反对不加选择地使用地方团练。[②] 即使对所谓的“可靠之团练”，袁甲三的态度也变得越来越消极，比起重新组
98 织这些团练为自己所用，他更愿意让他们保持中立。[③] 后来，寿州练总之间的争斗使袁甲三确信团练首领是难以控制的。苗沛霖的公然反叛使他进一步相信，与这些地方团练共事是绝无可能的。

其次，袁甲三低估了当地团练的战斗力。1853 年，他在奏议中展现了这种看法。在他看来，“练勇近地剿匪则可以之，远方出征则不可。”他认为，表面上看，使用地方团练可以起到“壮声威”的作用，但在实际遇到敌人猛攻时，这些乡勇毫无用处，“是以声威尚壮，此兵之无可酌拨也”。[④] 因此，纵观其担任指挥官的整个时期，他对当地团练的最大期望也只是“协助兵威”。[⑤] 1858 年，捻军摧毁了丰县的地方团练，使山东南部与江苏北部的驻军备受惊吓。[⑥] 次年，拥有三万余人的徐州团练在捻军面前全军溃

---

① 《方略》，卷 59，第 19 页。

② 袁甲三，奏议，卷 2，第 38 页。

③ 同上，奏议，卷 7，第 4 页，第 16 页；卷 8，第 17 页；卷 3，第 16 页，第 32 页。

④ 同上，奏议，卷 2，第 49 页；卷 3，第 32 页。

⑤ 同上，函牍，卷 1，第 5 页；《方略》，卷 71，第 25 页。

⑥ 《山东军兴纪略》，卷 2(上)，第 14—15 页。

散。[①] 这支庞大队伍的失败直接摧毁了官员们对地方团练战斗能力的所有信心。

当袁甲三与他的同僚们坚信，只有三省派遣的正规军与关外的骑兵才能分别对付捻军的圩寨和骑兵时，对地方团练的怀疑与轻视就愈发不可动摇。袁甲三没有认识到，忠诚可以依靠纪律得到保证，战斗力可以通过训练得到增强。如果袁甲三继续对他家乡的团练采取和早些年同样的措施，那么他可能不仅早已成功地阻止了其同乡的进一步叛逃，而且已经利用淮河流域的地方武装力量组建起一支足以与捻军相抗衡的新军队了。这支新军队的兵力和士气可能比以往从各省调派往淮河流域的混杂部队更强更高。

这样一支新的地方势力正是淮河舞台上所缺乏的。1856年，监察御史侯登云[*]已经意识到一支新军对于淮河地区的必要性。[②] 他向朝廷提议以一支特殊的勇营来替代从四省征调的军队，并举荐袁甲三担任指挥官。当然，该御史的目的是效仿湘军 98,99
模式，以一支新组建的勇营来替代绿营军。

袁甲三是否认真考虑了侯登云的建议？答案是否定的。他让侯登云失望了，因为他组织军队的模式与其同僚胜保、田在田相类似。1856 年，他停止了征募勇兵。当伤亡使袁甲三拼凑而成的军队日益缩减时，他不断地向各省寻求正规军的增援，招募地方兵勇被认为是最后的选择。[③] 但几乎没有省份对他的请求做出及时的回应。1861 年，随着正规军的增援日渐无望，袁甲三

---

① 《方略》，卷 72，第 1 页。

* 史料中为侯云登。

② 《方略》，卷 15，第 8 页。

③ 袁甲三，函牍，卷 1，第 14—15 页，第 27 页，第 37 页；奏议，卷 13，第 55 页。

再次尝试募集地方团练。他预计可从徐州各圩寨中抽调两三万人。[①] 由于他们能自备资金,所以不会过多占用袁甲三的军费。他期望通过半年的训练在淮北地区打造出一支强大的军队。然而半年过去了,这支强大的军队仍停留在纸面上。

袁甲三在其家乡组建新军的失败,或许是因为他没有足够的远见来认识到地方力量的潜力,抑或是他缺乏足够的精力来承担这项具有挑战性的任务。

由于政府官员们失去了赢得民心的机会,那么领导权自然而然就落到了捻军以及野心勃勃的地方练总手中。我们之前已经提到,捻军在扩张的过程中吸收了许多地方团练的力量。至于地方练总们,以蒙城练总李南华为例,他曾接管了蒙城的防御工作来抵抗苗沛霖,并与后者争夺其他团练的支持,且在 1863 年经受住了苗沛霖长达数月的猛烈攻击。[②] 又如寿州练总徐立壮、孙家泰、蒙时中和吉学盛,如前所示,强大到足以将安徽巡抚的临时驻地作为他们的基地与苗沛霖展开竞争。

苗沛霖首先将自己的影响力扩展至蒙城以西,接着又向西南方向发展。[③] 城中的各团练虽然决心抵抗,但也深知自己的实力与决心并不相符,因此保住城市已经足以让他们感到满足。[④] 在看到苗沛霖的扩张后,袁甲三命令他向浍河北岸,即捻军分布之处推进。袁甲三的意图是让苗沛霖与捻军互相牵制,进而彼此削
100 弱。[⑤] 然而,当袁甲三为自己成功实现“一石二鸟”的妙计庆祝

---

① 《方略》,卷 112,第 11 页。

② 《续修蒙城县志》,卷 9,第 26—32 页。

③ 同上,卷 6,第 7 页。

④ 《续修蒙城县志》,卷 6,第 8—9 页。

⑤ 袁甲三,奏议,卷 9,第 24 页。

时,苗沛霖已乘机将他的势力范围扩大到宿州东南部。[①] 袁甲三被愚弄了。

1861 年年初,苗沛霖在发动对宿州的围攻以示起义之前,已经完成了对浍河两岸民团的吸收。[②] 从这里起,他的势力所及最远达灵璧西南一带。[③] 1862 年秋,在苗沛霖再次向政府投诚后,袁甲三声称蒋凝学率领湘军收复了怀远以东的圩寨二百余座,而他自己也收复了浍河流域二百余座圩寨。[④] 但这里所谓的收复并不属实,因为这些圩寨的圩主与苗沛霖之间的关系紧密到难以打破。半年后,作为对苗沛霖第二次起义的响应,浍河两岸的所有团练再次将政府的权威抛诸脑后。[⑤]

在与捻军正面作战的背后,即使许多次胜利之战都将官员们带到了捻军统治的中心地区,但他们却没能将这里的百姓与其首领分离开来。在捻军势力的边缘地区,官员们又没能在地方武装力量的基础上建立起一支新的军队,而是使一些团练首领利用了这股力量。及至 1862 年,两股地方势力完成了对淮河流域的势力划分,其中一支由张乐行控制,另一支由苗沛霖控制,他们几乎完全地将帝国的影响力驱逐了出去。直到湘军和淮军出现在北方战场之后,重新赢回人民支持、使人民为政府所用的重任才得以完成。

---

① 同上,卷 14,第 11 页;函牍,卷 2,第 4 页。《方略》,卷 92,第 16 页。

② 袁甲三,奏议,卷 18,第 21—23 页。

③ 同上,函牍,卷 1,第 36—37 页。

④ 同上,奏议,卷 19,第 2 页;《方略》,卷 165,第 5 页。

⑤ 袁甲三,函牍,卷 2,第 22 页。

第四章　曾国藩的策略

曾国藩接替僧格林沁成为新的钦差大臣开启了捻军故事的新阶段。众所周知，正是曾国藩将淮军从长江流域调往北方，也是这支军队最终镇压了捻军。我们将此称为新的阶段，并不是因为捻军在曾国藩到来的三年后即遭到镇压，而是因为他的到来使捻军被镇压成为可能。曾国藩了解捻军组织的本质，而这个问题曾困扰了他的前任们长达十二年的时间。

在接到僧格林沁兵败身亡的消息后，朝廷进行了紧急部署，
101 1865 年五月，[1]朝廷命曾国藩统领其部调头北上。鉴于捻军此时仍在山东南部纵横，朝廷甚是担忧京城所在地直隶省的安危。作为镇压了太平天国的风云人物，曾国藩成为这一时期炙手可热的人选。政府希望他能改变僧格林沁留下的不利局面。然而，曾国藩并没有匆忙北上，他的军队与僧格林沁的军队不是一个类型。据他对自己的评价，“慢”是其带军的风格，他仍然倾向于谨慎行事。[2] 从南京出发后，曾国藩先到临淮，再到徐州，最后到达济宁，以上这些地点也是他择以重点设防之处。这次缓慢的三省之旅为他提供了宝贵的信息。通过亲自考察，曾国藩对捻军的故土

① 《方略》，卷 230，第 20—21 页。

② 王定安：《求阙斋弟子记》，卷 11，第 4—5 页。

有了具体的了解。首先,他发现捻军并不是此时大多数人所认为的流寇。他观察到,“凡流寇如无源之水,听其所之,而此贼尚眷恋蒙、亳老巢,旁县皆田荒屋毁,而蒙、亳尚有田庐之乐。”[①]接着他指出:“亳州之患,始因乡愚被惑而从捻,后因圩长持两端而畏捻。推原其故,皆由官军不能捍卫地方,官不能认真办理所致。”[②]

捻军得到了民众广泛的支持,这一事实同样也使之前的指挥官们感到惊讶。但之前的指挥官们并没有将其看作是捻军取得优势的关键。在他们看来,如果说有什么阻碍了他们对捻军的镇压,那一定是圩寨的修筑,因为它将每个捻军社区都变成了坚实的堡垒。因此,每当攻克一座捻军圩寨,他们做的第一件事就是拆毁该圩。但如今,曾国藩决心将百姓与圩主作为他真正的奋斗目标。他最后是否就此问题给出了一个基本的解决方案是另一项议题。仅就他指出了问题的症结所在这一点,就证明他比他的前任们更富有洞察力。他从未提出要摧毁圩寨,相反,他命令村民们修圩挖壕,筑更多的圩,挖更多的壕。[③] 政府官员为什么不
能使用敌人的武器来反过来对付他们呢?安徽巡抚乔松年毫无 102
保留地支持曾国藩的做法。他认为,“除暴诘奸,在分别良莠,不在圩之有无。旧日从逆各圩已毁,不准复设,其良善多圩,暂免平毁,遇有寇警,完聚入保,俾贼无所掠,易于剿办。”[④]

曾国藩不仅这样说了,也这样做了。与他的推断相对应,圩寨住民与其圩主是两个亟需处理的重要因素,他发布的告示也因

---

① 《山东军兴纪略》,卷4(下),第9—10页。

② 曾国藩:《曾文正公全集》,批牍,卷3,第40页。

③ 王定安:《求阙斋弟子记》,卷11,第10页。

④ 《亳州志》,卷8,第34页。

此包含两部分的内容,一部分处理与百姓的关系,另一部分解决圩主的问题。[①] 在这份告示中,他将百姓分为两类:良民与莠民。委员们被派往每个圩寨进行彻底清查,并编制良民册与莠民册来登记这两类人的姓名。除领导起义者及甘心从捻者外,大多数人都被看作良民,包括那些曾经偶从或胁从但改过自新者。编入莠民册的将持续受到追剿,直到被擒拿正法。编入良民册的则须向圩长具保,五家具保结于圩长,有事则五家连坐。[②] 圩长必须同样具保结于州县长官,对整个圩寨负责。有关圩寨首领的告示废除了“圩主”的称号,以“长”字取代“主”字,因为“主”有篡位之义。圩长由居民公举产生——选举由地方政府监督——并由曾国藩亲自任命。为了肯定被正式任命的圩长的地位,并加强其与政府的联系,曾国藩为每个圩长下发执照,盖用关防。每个圩长都有清查其圩寨的责任,也就是说,他要抓住所有仍与捻军有联
103 系的圩民。向政府举报捻军最多的圩寨会获得奖励,而窝藏不报者,圩长将被革去头衔并受到惩罚。

曾国藩非常清楚一个圩长可以拥有多大的能量,他们的意志往往决定了整个圩寨的立场。[③] 因此,曾国藩寻求的是圩长们的归顺。当有人建议,应将规模较小的圩寨合并成更大的圩寨以方便政府的控制时,曾国藩回复道,这种合并是不现实且不必要的。他更愿意采取将老圩主赶走,而给新圩长以指导与指引的方式。

---

① 王定安:《求阙斋弟子记》,卷 11,第 10—11 页。在前一部分中我们已经指出,圩寨通常是由大的宗族或乡绅领导,而其余的居民大多是农民。这里所用的“百姓”一词应被理解为是对农民的一般性称呼。

② 这种具保的思想显然是源于古老的保甲制度。保甲制度在萧公权的未刊手稿《中国乡村:论 19 世纪的帝国控制》一书中进行了讨论。

③ 详见第一部分第三章。

他也毫不犹豫地用死刑来处罚那些不服从命令或起义的人民。[1]

对村庄的清查开始于 1865 年九月，在刘铭传（1836—1896 年）、周盛波[2]（卒于 1888 年）所率领的淮军将捻军赶出淮北的三个月之后。在遣派委员查圩之前，曾国藩首先采取了一项严厉的措施。他命令淮军大将刘铭传[3]前去宿州、蒙城、亳州一带的绅耆处打探著名捻首的住处。[4] 接着，刘铭传径直前往那些已经核实藏有捻军首领的圩寨，要求其交出这些捻首。如拒绝交出，即采取镇压的方式剿洗该圩。但曾国藩策略的主旨是将捻军的追随者与其捻首分离开来，更严厉的措施只会与赢得人民、孤立捻首的初衷背道而驰。刘铭传的任务是处理那些捻首，对于百姓，曾国藩则派了一批文官前去苦口化导，恩威并施。[5] 他们用对待良民的方式对待投诚者。

清查的范围随后扩大到河南境内开封、归德、陈州所辖的所有圩寨社区。[6] 曾国藩提醒众委员切忌仓促与草率地完成检查，在确保已经充分完成了一地的清查之后，他们才可以继续前往下一地开展工作。曾国藩教导他们，只有真诚才能消除百姓对政府的怀疑，使他们愿意站在清军的一边。他不相信在这些地区的上 104
千个圩寨中没有一个愿意接受政府的善意。

然而，如果曾国藩不能将捻军阻拦在这片区域之外，那么他的清查政策可能永远无法成功。在 1865 年十一月，即他开始清

---

① 曾国藩：《曾文正公全集》，批牍，卷 3，第 66—67 页。很遗憾，曾国藩给予新圩长的指导并未找到。

② 恒慕义，第 526—528 页。

③ 恒慕义，第 526 页。

④ 曾国藩：《曾文正公全集》，批牍，卷 3，第 28 页。

⑤ 《宿州志》，卷 10，第 39 页；《续修蒙城县志》，卷 6，第 24 页。有关劝服内容的材料也极其缺乏。

⑥ 曾国藩：《曾文正公全集》，批牍，卷 3，第 56 页。

查村庄的两个月后，他在这一区域的四个角选择了四处重点设防地，并在此屯驻了大批部队。于是，安徽的临淮、江苏的徐州、山东的济宁、河南的周家口，就组成了所谓的“四大重镇”。它们都享有能提供便利运输的河运条件。[①] 四大重镇的第一个作用就是一省有急，三省往援。以这样的方式，它们围绕着淮河流域竖立起一道屏障，使眷恋故土的捻军很难再进入其中。它们的第二个作用是，即使没有战斗，四大重镇的存在也可以防止该地区再次发生动乱。

起初，曾国藩本打算恢复僧格林沁的追击策略，但后来，他将追击策略改为在捻军必经之途驻扎重兵以阻击敌人的策略，变尾追为拦头，以有定之兵牵制无定之捻。[②] 显然，曾国藩并没有期望政策的转变可以对在包围圈外毫发无损的捻军造成压制。此时他强调的是保护安徽北部、江苏北部、山东南部以及河南西部等地免受捻军的进攻，以便他能够完成对捻军巢穴的重塑计划。为了将精力全部集中在这一地区，他甚至拒绝了清廷提出的节制直隶、豫东及湖北的要求。

由于无法向东移动，捻军于是肆意蹂躏着河南西部与湖北北部，两地羸弱的驻军使这里几乎没有任何的防御能力。曾国藩发现，让他的主力部队驻足在四大重镇是不明智的。第二年春天（1866 年），曾国藩修改了他的策略。他将防御线缩短至三条河流，这样就能释放出更多的兵力与捻军进行运动战。在北部，他守卫着大运河一线，其中，将长沟到黄树庄的部分分配给淮军防守，长沟以北的部分分配给山东军防守，而黄树庄南部的部分则

① 《方略》，卷 239，第 11 页。周家口、临淮两军以淮河、颍河为运道，济宁、徐州两军以大运河为运道。

② 同上，卷 242，第 17 页。

由江苏军队负责。[1] 在西侧，他沿沙河与贾鲁河筑起一道防线，104,105
并将中心区域托付给了淮军，由河南军在右翼、安徽军在左翼协防。[2] 在贾鲁河的上游与黄河之间存在一处缺口，需要挖壕以完成防御。然而，在战壕完成之前，捻军已经利用这一缺口涌入了山东。这条由河流连接起来的防御链就这样崩溃了。[3] 总体局势似乎像再一次回到僧格林沁时代一样令人烦闷。不耐烦的情绪在山东与河南的百姓间滋长，朝堂中也逐渐响起许多批评的声音，曾国藩本人也开始怀疑“以有定之兵制无定之贼”的政策是否可行。[4]

尽管如此，曾国藩的防御政策在某些方面仍是成功的，如他的政策使摧毁捻军家乡组织成为可能。1866 年至 1867 年，捻军多次发动不顾一切的猛攻以图东进。他们的主要目的之一似乎是获取补给，[5]但是，与返回家园的决心相比，他们对补给的渴望只是次要的。1865 年十月，捻军从曹州出发，南下徐州，接着又由徐州西进萧县、砀山，一心想要回到淮北。[6] 次年二月，他们用尽一切手段抢渡运河，先在郓城一带抢渡，后在宿迁一带抢渡，在曹、徐、淮、泗地区徘徊两月有余，却未能实现他们回到淮北故土的梦想。[7] 另一队在河南的捻军也追求着同样的目标，但也同样

---

① 《方略》，卷 233，第 11 页；卷 258，第 21 页；丁宝桢，卷 1，第 32 页。

② 《方略》，卷 257，第 15—16 页。

③ 《方略》，卷 259，第 27—28 页。

④ 王闿运，卷 14，第 10 页；《方略》，卷 259，第 24 页；曾国藩：《曾文正公书札》，卷 25，第 19 页。

⑤ 曾国藩：《曾文正公书札》，卷 25，第 17 页。《方略》，卷 255，第 2 页；卷 264，第 16 页；卷 277，第 10 页。他们希望穿过大运河，以便进入山东东部或江苏北部，因为这两个地方都被认为是富饶且未受战争干扰的。在以上两个方向上受阻后，他们带着同样的目的转而前往湖北。

⑥ 周世澄：《淮军平捻记》，卷 1，第 23 页。

⑦ 同上，卷 2，第 10 页。

失败了。[1] 捻军所有的行动都指向一个共同的目标——收复故土，但所有的尝试都徒劳无功。四个驻防重镇与之后的河道防线有效地发挥了作用。“自四镇设而汛防有定，贼之流走者处处投触网罗，遂不能得逞。”[2]与此同时，曾国藩与前捻军地区的人民
106 达成协议：如果捻军成功突破防线并出现在该地，那么被围攻的圩寨至少须坚守半月。如果在此期间被攻破，则该圩上下须为自身的沦陷负责。[3] 但如果救援部队在半个月内未能赶到，曾国藩宣称他本人将承担过失之责。他还要求当地居民将追随捻军流浪在外的亲友们召唤回家。[4] 此外，圩长还被要求上报那些离开了家乡随捻军四处游荡的人。召唤亲友回家以及上报出逃者的期限是半个月。在这之后，便不再允许那些追随捻军而出的人返回了，而那些迟迟不愿上报名单的圩长将会以给予捻军不应当的保护的罪名被指控。一旦这项规定生效，捻军与他们家乡之间的联系就被有效地切断了。[5]

在与捻军的斗争中，这种对淮北地区的保护在另一方面也具有重要的意义。曾国藩认为，围绕着捻军区域的凤阳、颍州、徐州、宿州、归德、陈州等地的田地荒废直接导致了捻军势力的增长。[6] 曾国藩曾说道，百里废耕，则百里之民从贼偷活，千里废耕，则千里之民从贼偷活。荒芜的范围越广，就有越多的人加入捻军。如今，除非官员们能帮助农民恢复正常的经济生活，否则

① 《方略》，卷252，第11页。

② 周世澄：《淮军平捻记》，卷2，第3页。

③ 王定安：《求阙斋弟子记》，卷11，第10—11页。

④ 捻军尽管常年在外游荡，但仍与家中亲友保持着秘密的联系。

⑤ 王定安：《求阙斋弟子记》，卷12，第18页。

⑥ 《山东军兴纪略》，卷4(下)，第9页。捻军所破坏的是捻军控制区域周边地区的土地而不是其自身占领区。

任何想要实现政治控制的举措都是难以实行的。因此,曾国藩不仅将驻防任务交给圩长,还要求他们加紧恢复农务。① 他期望看到所有被捻军破坏的土地都重新被耕种。但恢复农耕需要时间。除非官员们能够阻止捻军频繁的扰动,否则他们就无法赢得必要的时间与秩序。

1865 年九月后,伴随着巢穴被破坏以及军队被清军持续追击,捻军开始了一系列返回家乡的尝试。但所有的尝试都失败了。他们别无选择,只能继续在外游荡。在其迂回的行进路线中,他们遭遇了圩寨,那是他们曾经用来应对来自政府的进攻者的武器。此时,其他省份也筑起了圩寨。 107

在中国中部,太平天国的残余势力于 1864 年十月在湖北和安徽交界处被清军彻底消除,这标志着此时除捻军以外所有有组织的起义都被镇压了。② 另一方面,这些省份的巡抚变得比 19 世纪 50 年代前的巡抚们更强大,因此,那些仍坚持在农村中发动起义的有野心者发现他们很难再发起新的暴动。与此同时,厌倦战争的农民们希望恢复和平与秩序。诚然,捻军依旧是曾经的捻军,但此时的形势已经发生了改变。如今,他们都在外游荡,而不是占据着一片稳定的区域。在他们疾驰的道路上,既没有根基可依靠,也没有足够的时间来组织地方武装力量,继而建立并控制一片新的根据地。他们也不能像 50 年代那样继续为百姓提供保护和粮食。现在,那些遭受捻军及其骑兵掠夺及蹂躏的村庄不得

---

① 王定安:《求阙斋弟子记》,卷 11,第 11 页。在这一章的开头,我曾指出,尽管捻军破坏了其家乡周围的所有土地,但他们自己的农务活动却完好无损。因此,曾国藩无需将他的此项方法应用于捻军巢穴的中心区域。

② 对太平天国的镇压并没有导致清朝统治的恢复。在这场剧变中,一股新的力量趁势而起,即以巡抚为代表的地方势力。他们成功地镇压了起义军,但同时也对中央政权提出了挑战。

不向政府寻求保护,抑或计划自卫。

1865 年至 1867 年,湖北巡抚曾国荃[①](1824—1890 年)鼓励鄂省村民仿效 50 年代捻军在安徽的行为,即令各郡县坚壁清野,封闭圩寨,不让无家可归的敌人进入。[②] 河南也采用了同样的策略。[③] 在山东,圩寨制度在巡抚丁宝桢[④](1820—1886 年)的领导下甚至更加完善。农民们或打开寨门突袭路过的捻军,或紧随获胜的官兵截杀幸存者。[⑤] 19 世纪 50 年代,清军在捻军的圩寨面前毫无办法,似如进入敌国的异国人一般。现如今,在这些充满敌意的省份,轮到捻军来接受这同样的命运了。这一反转标志着捻军时代的结束。

---

① 恒慕义,第 749—751 页。

② 《湖北通志》,卷 73,第 1868 页;卷 74,第 1875—1877 页。

③ 《豫军纪略》,卷 8,皖匪七,第 13 页。

④ 恒慕义,第 723—725 页。

⑤ 丁宝桢,卷 5,第 16 页;李鸿章,朋僚函稿,卷 7,第 21 页;《方略》,卷 263,第 1—2 页;卷 290,第 10 页;卷 291,第 24 页。

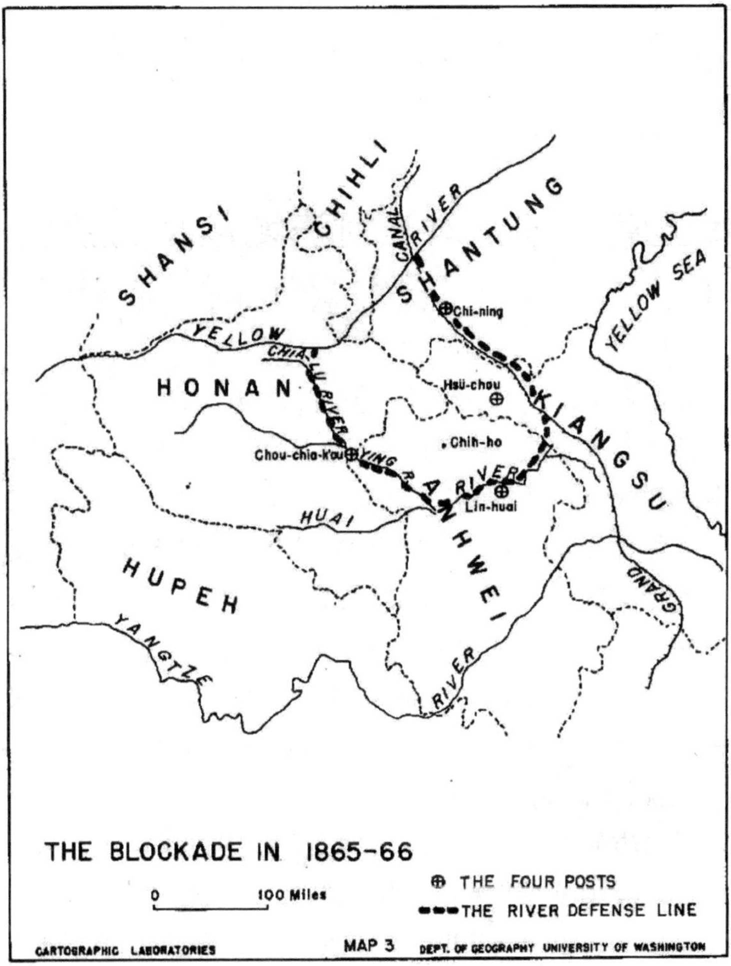

图 3　1865—1866 年的封锁

第五章　淮军对淮河流域起义的镇压

108 曾国藩完成了他的前任们未能完成的任务，即把人民群众从捻军中分离出来。然而，读者不应因此而错误地认为曾国藩在试图用政治方案来取代军事上的权宜之计。曾国藩虽然竭力将捻军成员与其首领分离，但他并没有一个完整的计划能使人民摆脱政治上的压迫以及经济与社会上的不公平待遇，因而无法彻底地铲除起义的根源。在这里我想强调的是，曾国藩不仅将农民与他们的首领分离开来，而且还积极地将他们组织成为一支对抗捻军的新生力量。在这方面，曾国藩获得了成功，而他的前任们都失败于此。

曾国藩在1859年时对李鸿章说道，两淮地区风气强悍，从乱如归，但他们朴素的作风与勇敢的精神亦适合组建一支新的军队。[①] 这表明曾国藩与袁甲三不同，他既不怀疑、惧怕，亦不低估淮河流域的人民。九年前，他曾以同样的态度成功地在家乡建立了湘军。在做了上述观察之后，他令合肥人氏李鸿章招募淮南勇五百人先做试验。第二年，即1860年，在他升任两江总督后，曾国藩加大了实施这项计划的力度。1861年二月，淮军于安庆正

---

① 罗尔纲：《湘军新志》，第13章，第1页。

式建立。

这支新军队的建立只是曾国藩用来应对长江以北总体军事形势的手段之一。他的意图极为深远，其目的是用朝气蓬勃的淮勇来替代暮气已深的湘军。[1] 这项有远见的计划同样也是针对捻军的。就在淮军成立的那一年，也是他担任淮河流域总指挥的三年之前，曾国藩即向李鸿章保证道："俾淮勇皆成劲旅，皆有誉望。目下可使合肥健儿慕义归正，将来可恃淮勇以平捻匪而定中原。"[2]他认为，淮勇比湘军更能适应淮北的地理条件。[3] 李鸿章
也持有相同的观点。他清楚，虽然李续宜和唐训方都曾在淮北战 109
场上使用过湘军，刘长佑也曾以湘勇剿直隶之骑马贼，但两次尝试均未大著功效。[4] 河南与安徽两省的军队看起来更加使人泄气。在李鸿章看来，各省兵将皆散漫无纪，不堪重用。[5] 此外，他

---

① 曾国藩：《曾文正公书札》，卷 24，第 13 页。

② 同上，卷 18，第 27 页。

③ 同上，卷 24，第 9 页。1859 年，曾国藩曾对袁甲三说："湘勇不耐劳苦，不惯面食，又思恋家乡，常常告假，若调赴淮北，水土不服，士心不愿，实属迁地弗良。外闻但知湘勇之长，弟与润帅则并深知湘勇之短。"（同上，卷 9，第 19 页）

④ 《方略》，卷 245，第 22—23 页。同治统治初期，北方诸省纷纷效仿湘军体系。严树森以湘勇替换了河南省军。刘长佑用湘军的模式来训练直隶军队。（《方略》，卷 189，第 25 页）代理安徽巡抚唐训方将湘军治军章程运用到皖军当中。（《方略》，卷 170，第 4 页）曾在曾国藩军中的陕西巡抚刘蓉，从湖南招募了一万多人来组建其新军队。（《清史稿》，列传 212，第 4 页）山东巡抚丁宝桢招募了八千湘勇随其前往山东。（《丁文诚公奏稿》，卷 1，第 5 页）在训练山东军时，他以楚勇二百、山东新勇三百为一营，合队训练。[《山东军兴纪略》，卷 15（下），第 6 页]这些以湘勇为模式组建的新军，没有一支取得了像南方的湘军那样的胜利。在陕西，张宗禹彻底击垮了刘蓉的湘勇。（《方略》，卷 268，第 20—21 页）河南巡抚张之万甚至请求皇帝取消将楚军调入河南的谕令。张之万认为，楚军纪律薄弱，与捻作战尤非所宜。（《方略》，卷 228，第 6 页）

⑤ 李鸿章，朋僚函稿，卷 6，第 23 页。

对僧格林沁的评价也并不高。①

随着各省军队与僧格林沁军队的溃败，曾国藩将淮军看作唯一的希望，而李鸿章自己也对淮军充满信心。特别是当与太平天国的作战成为持久战后，很明显，湘军已经精疲力竭了。“暮气之说”笼罩着整个湘军。② 攻陷南京后，一连串的兵变使曾国藩大为惊恐。③ 与此同时，他卓越的战功已经引起了清廷的疑忌。
110 由于多年来受宋明理学熏陶，曾国藩颇善自省，这使他下定决心自解兵权，这样也能将更多的资本留给淮军，如此，他便可以倚淮军自重，以此来获得权力、事业，甚至保障个人之安危。④ 因此，将士的懈怠、不遵守纪律，清廷的疑忌，以及财政方面的考虑都构成了解散湘军的原因。⑤

曾国藩随后率淮军北上，与北方各省军队进行了接触。事实很快证实了他之前对这些省军的推断。他为自己建立淮军的智慧而感到得意。他曾自豪地说道：“近来各处言办捻者，动以数省会剿为辞，而不知三江（江苏、浙江、江西）、两湖（湖南、湖北）及东、豫等省，今惟淮勇可战可守，此外并无一枝可以与贼交

---

① 李鸿章，朋僚函稿，卷6，第5页。

② 湘军的弊窦可列举如下：第一，是兵将皆厌倦军中生活；第二，是沾染官场习气；第三，是缺额，兵力远远不足；第四，是骚扰百姓，致民间有官兵不若太平军之评；第五，是将弁以军营为传舍，任意来去；第六，是败不相救。这些现象，都是当日湘军的大弊。（罗尔纲：《湘军新志》，第12章，第1节）

③ 由于前几年的军饷迟迟未发放，鲍超部下在湖北金口哗变。之后，各营纷纷效尤，蔓延至安徽南部。皖南各军索饷大哗，甚至殴伤长官。（曾国藩：《曾文正公全集》，批牍，卷3，第22页；李鸿章，朋僚函稿，卷6，第24页）蒋凝学、成大吉等部亦纷纷效仿。（曾国藩：《曾文正公书札》，卷24，第35页；《方略》，卷249，第2页）

④ 曾国藩：《曾文正公书札》，卷25，第5页、第18页；罗尔纲，第12章，第1节。

⑤ 罗尔纲，第12章第1节。

锋。”[①]或许大家会问,为何这支主要从淮南募兵而成的淮勇会被认为是最适合镇压淮北捻军的呢?李鸿章自己也说,他的勇兵来自庐州、六安、安庆以及扬州,与淮北人民在性情与习俗上皆不相同。[②] 此外,1865 年以前,淮军作战的对象是太平天国,而不是捻军。

在回答这个问题前,让我们先对淮军将领的出身做一个简要的了解。《淮军平捻记》一书中清楚地记载道,淮军旧部曾在其家乡组织团练,而李鸿章的声望素为捻军所畏。[③] 捻军在 1867 年前是否真的畏惧李鸿章还有待考证,但淮军将领起初是地方团练首领的事实无需争辩,甚至连李鸿章本人也曾是与捻作战的地方练总。作为对王茂荫[④]派遣中央大员回原籍组织团练之提议的回应,朝廷将官员李文安派往庐州。1853 年十一月,当李文安途 111
经临淮时,袁甲三留他在此协助招募乡勇。[⑤] 早在这一年年初,李文安的儿子李鸿章已经跟随安徽团练大臣吕贤基到达庐州,并且曾在代理巡抚周天爵的手下任职。捻军的崛起导致了清军的节节退败,颍州地区严峻的形势引起了周天爵对北部的关注。在周天爵的带领下,李鸿章与孙家泰在这里利用所办之团练对抗捻军。[⑥] 政府派遣朝廷大员回淮河流域的目的是遏制该地区的起义风潮,包括此地区的捻军起义。对于当时与李鸿章有联系的譬如周天爵、袁甲三、吕贤基等人,我们在 50 年代初的捻军起义中已经熟识。至于孙家泰,在前面有关苗沛霖的部分亦曾提及。

---

① 曾国藩:《曾文正公书札》,卷 25,第 18 页。
② 《方略》,卷 254,第 22—23 页。
③ 周世澄:《淮军平捻记》,卷 1,第 3 页。
④ 户部右侍郎。
⑤ 《续修庐州府志》,卷 96,第 1—2 页。
⑥ 同上。

李鸿章正是跟随着他们见证了颍州势不可挡的捻军浪潮，而颍州府位于淮北而不是淮南。因此，李鸿章于 1866 年重新接手捻军事务不过是对他早期事业的继续。

李鸿章的部将刘铭传(1836—1856 年)在他年仅十八岁时便跟随其父领导团练。[①] 张树声与其弟张树珊在 1857 年的官亭之战中击败了张乐行。[②] 潘鼎新(卒于 1888 年)、吴长庆(1834—1884 年)、周盛波(卒于 1888 年)与其弟周盛传[③]以同样的方式开始了他们的事业。这些人后来都成了淮军的将领，与孙家泰、徐立壮、李南华等淮北练总相似，他们的事业起始于在庐州地区任团练首领的经历。不同的是，在淮北，没有一个像曾国藩一样的人能意识到地方武装的潜在力量，也没有人主动将这些地方组织提升到一个更高的层次。孙家泰的案例即体现了这种差异。孙家泰曾与李鸿章并肩对抗捻军，后又为巡抚翁同书提供保护。但
112 是，该巡抚非但没有将孙家泰的军事力量加以更好的组织利用，反而以孙家泰的性命为代价来安抚苗沛霖。或许孙家泰会和苗沛霖一样搅起“动荡”，但官员们对地方武装的忽视使他们丧失了大规模动员这些力量的机会。

淮军并非完全是从淮南人民中征募而来的。曾国藩一踏上徐州，就被淮北人民的活力所打动，并立即向李鸿章传达了自己对淮北人民的印象：

> 徐州四战之地，古多豪将健勇，与尊处风气相近。若能

---

① 《清史稿》，列传 203，第 3 页；恒慕义，第 526—528 页。

② 《清史稿》，列传 203，第 4—5 页；列传 234，第 4 页。

③ 《清史稿》，列传 203，第 6—9 页；李鸿章，朋僚函稿，卷 6，第 19 页；恒慕义，第 745 页、第 483 页、第 526 页。

化其枭悍之习，道以忠朴之风，则淮勇之波澜弥阔，枝叶弥茂矣。[1]

曾国藩对淮北人民的评价与他对淮南乡勇的评价一模一样。他甚至从淮北元素中看到了淮军未来的辉煌。带着这样的评价，李鸿章在安徽、徐州、河南以及山东交汇处征募勇丁，并重新组织投降的捻军，以此方式来弥补淮军的人员损耗。[2] 及至1868 年作战结束，淮军的成员构成发生了很大的变化，其中百分之七十的兵勇都来自颍州和亳州，[3]即从前捻军的中心地区。新增加的淮北乡勇在人数上超过了原来的淮南乡勇，淮军的北进不仅成功地将一大批捻军的支持者从其首领那里吸引过来，而且还成功把他们纳入了淮军，使他们与曾经的同袍作战。更加令人吃惊的是，淮军还成功地利用投降的捻军填补了因伤亡留下的缺口。这意味着淮军利用招抚而来的捻军镇压了那些捻军之中选择奋战到底的同伴。

在淮北征募勇丁的并非只有淮军。1863 年后，直隶、山东、河南、安徽等省都相继发起了重新组练省军的运动，目的是使它们能够自力更生，保卫各自的省份。被西式枪炮所吸引，山东巡抚阎敬铭[4]（1817—1892 年）特别编设一营，针对使用新式武器而对该营进行特殊训练。[5] 当时，淮军对西式武器的成功运用给时 113
人留下淮勇尤擅使用洋枪洋炮的印象。因此，山东巡抚特意从淮

① 曾国藩：《曾文正公书札》，卷 24，第 32 页。
② 《方略》，卷 319，第 29 页。
③ 《方略》，卷 317，第 24—25 页。在与捻作战结束后，仅蒙城一处即有数千人从各军中返回。（《续修蒙城县志》，卷 6，第 24 页）
④ 恒慕义，第 724 页。
⑤ 《山东军兴纪略》，卷 4（下），第 16—18 页。

河地区征募淮勇两千名。[①] 在河南,巡抚张之万[②](1811—1897年)于1864年对河南军进行改革,他以与湘军和淮军同样的命名方式将其命名为“豫军”。[③] 两年后,他的继任者在原来的一万四千名士兵的基础上又增添兵力一万多人,并截留了向朝廷上缴的税收[④]及声援其他省份的补贴作为新军的经费。[⑤] 然而,这支新豫军也是从淮北募勇而得来的。及至捻军起义的最后一年,豫军中有百分之六十的士兵都来自淮北。[⑥] “皖军”亦是如此,重新组建的安徽军队亦效仿了湘军与淮军的模式。这支新的力量建立在重新组织后的地方团练基础之上,并继续由前团练首领指挥,如李得胜、牛师韩[⑦]等。当然,它全部是由颍州与亳州一带的当地人所组成的。[⑧] 虽然湘军与淮军的将领没有将各省军队当作应对捻军的主要力量,但重建后的东军、豫军、皖军在与淮军的配合中发挥了积极的作用。他们的贡献在于阻止了捻军在各省之间的肆意纵横,在于输送军队前往山东分担了封锁线上的驻军压力,还在于在镇压捻军的最后关头所起到的协助作用。由于这些省军与淮军都是从淮北招募而来的,因此可以毫不夸张地说,正是淮北人自己镇压了曾经统治过这片地区的捻军。

淮北农民为清军服务暴露出他们对捻军的忠诚是有限度的。1865年以前,宗族和社区的纽带使农民对捻首产生了高度的忠诚。除这些纽带外,捻首们还取代官员成了农村地区的实际

---

① 《山东军兴纪略》,卷5(上),第10页。

② 恒慕义,第32页。

③ 《方略》,卷217,第13页。

④ 这里指本应押解至京师的田赋与漕粮。

⑤ 《豫军纪略》,卷12,皖匪二十,第4—6页。

⑥ 《方略》,卷317,第25页;卷320,第14页。

⑦ 《续修蒙城县志》,卷9,第32页;《涡阳风土记》,卷12,第67—71页。

⑧ 《方略》,卷317,第24页。

统治者，并努力使农民免受饥荒，且保护他们免被伤害。换句话说，捻军首领接管了官员的位置与职能。然而，这种社会上以及 114
政治上的联系需要一个必要条件，即捻首须一直控制着这片土地。1865 年后，这个条件不复存在了。在曾国藩领导下，官员们在淮北重新建立起他们的权威，并击退了想要返回家园而疯狂尝试的捻军。首先，随着捻首的离开，宗族或社区关系所产生的黏合力便松弛了。其次，捻军首领在一定程度上是其社区中的杰出人物，他们有能力将农民组织起来，这些人的离开意味着组织力量的减弱。再次，曾国藩鼓励开垦与捻军统治区域接壤的被破坏的土地，这在一定程度上抵消了之前捻军所实施的救济饥民的政策的功效。而淮军通过为淮北勇丁提供优厚待遇为这里的人民开辟了另外一条谋生之路。[①] 最后，正如捻首们利用其统治者的地位来获得农民的忠诚一样，现在新的统治者也用他们的权力来控制农民。农民缺乏敏锐的政治意识，对既有政权具有极大的容忍性，除非遇到自然灾害，抑或是官府压迫过甚将他们逼到绝境，否则他们极少会诉诸反抗。即使在起义时期，他们也不是为了抽象的道义而战，而是为了具体的目标而战斗，例如，为了从饥荒中生存下来。由于捻首和老兵们都在外游荡，留在淮北捻巢中的农民无法也不愿拒绝为新的统治者服务，尤其是在这样做可以为他们提供另外一种谋生手段的情况下。

虽然淮北百姓的加入极大地鼓舞了淮军，并成为镇压捻军的关键，但要取得成功还需要其他条件。首先，李鸿章的指挥是至关重要的。湘军和淮军的建立为兵将间的交往设立了

① 淮军有能力提供优厚的待遇，因为其财政状况要比 1865 年以前的军队好得多。详见之后的段落。

准则。①

如前所述，曾国藩的防御政策引起了许多人的不满。1866年十一月，这位湘军与淮军的老指挥官从前线引退。在奏议中，曾国藩感慨道，他只知打呆仗，无法以奇谋制敌于意料之外，且他行军迟缓，多有顾虑，不适合应对反复无常、诡计多端的捻军。② 但这并不是他引退的唯一原因。尽管曾国藩对淮军的创建具有重要作用，且李鸿章尊曾国藩为师三十年，但淮
115 军真正的主人是李鸿章。在曾国藩指挥期间，李鸿章作为代理两江总督留在后方，奉命支援前线。然而，作为军队的实际掌有者，李鸿章不仅认为自己在关键时刻具有发言权，而且忍不住要介入淮军的日常事务当中。这都扰乱了曾国藩的指挥。他以非常直接的方式写信给李鸿章道："目下淮勇各军既归敝处统辖，则阁下当一切付之不管。凡向尊处私有请求者，批令概由敝处核夺，则号令一而驱使较灵。"③不过，在发出以上抱怨的三个月前（1866年三月），曾国藩已经从前一年的经历中确信，捻军非淮勇不能灭，而淮勇则非李鸿章不能督率。④ 带着这样的想法，他向李鸿章保证，若剿捻行动到夏天还毫无进展，他将奏请朝廷让李鸿章继任其事业。他坦率地说

---

① 罗尔纲，第13章，第6节。

② 《方略》，卷261，第27页。

③ 曾国藩：《曾文正公书札》，卷25，第33页。

④ 同上，卷25，第23页、第25页。曾国藩虽然是淮军的创始人，却自觉无法指挥淮军；其他人就更没有能力做到这一点了。1865年三月，在僧格林沁战死前的一个月，张树声、刘铭传、周盛波率领的淮军已经到达了徐州，距离僧格林沁苦苦挣扎的曹州非常之近。（周世澄：《淮军平捻记》，卷1，第1页）然而，淮军的将领们并没有越过省界前去援助，他们仅满足于防卫江苏边界，即李鸿章作为江苏巡抚的职责所在。李鸿章公然宣称，他不会让僧格林沁指挥其军队，因此也不会让他的军队越过边界。为此，他甚至多次违抗皇帝的命令。（李鸿章，朋僚函稿，卷6，第18页）

道:“鄙人不能上马督战,阁下能匹马当先,不过倡率一二次,而士气振兴百倍矣。”[1]

虽然这位湘军的指挥官建立了对其部下的个人控制,但李鸿章进一步加强了他与部将们之间的联系,从而能够掌控他们的一切活动。据曾国藩判断,“淮军将领多在李鸿章脚下盘旋”。[2] 如今,曾国藩发觉必须要让位于他的学生了。在接受了曾国藩的请辞后,朝廷命他与李鸿章互换官职。[3] 虽然李鸿章之后仍遵循着曾国藩的政策,如以河道防线限制捻军活动范围的原则,但他的 116
存在在部将中激发了一种新的精神。为了他,他们愿意战斗,如果必要的话,甚至愿意牺牲。

充足的饷银是淮军取得最终胜利的第二个有利条件。李鸿章本人也强调这一点。[4] 他说道,1853 年至 1858 年在安徽北部协办军务时,他曾亲眼看到和春[5](卒于 1860 年)、郑魁士、袁甲三以及翁同书的军队是如何因为饷银缺乏而溃败的。李鸿章又说道,另一方面,胡林翼、曾国藩、左宗棠及他本人在与太平天国作战中之所以获得成功,正是因为有形式多样且数额充足的财力支持。但是,如前所述,财政因素对清军与捻军之间的斗争结果并不是决定性的。以淮军为例,曾国藩并不是因为得到了充足的饷银才决定组建一支新军。然而,一旦军队组建完成,充足的财政支持就变得不可或缺。特别是在

① 曾国藩:《曾文正公书札》,卷 25,第 23 页、第 25 页。

② 同上,卷 25,第 33 页。

③ 起初,朝廷命曾国藩入京陛见,他的幕僚怀疑清廷想借此机会羁留其于京师,曾国藩本人亦自觉不安。于是,李鸿章上书朝廷,表示他需要曾国藩在后方帮其解决饷银的问题。清廷遂派曾国藩回任两江总督。(罗尔纲:《湘军新志》,第 6 章,第 3 节)

④ 周世澄:《淮军平捻记》,卷 1,第 19 页。

⑤ 恒慕义,第 293 页。

1867 年以后，金钱成为诱使捻军投降的主要手段；另一个诱降因素是，他们在大规模地编入淮军后可以享有很好的伙食。淮军对长江三角洲财富的掌控使其有别于其他穷困的省军。在北上剿捻伊始，淮军便有劲旅五万余人。[①] 每月发放的饷银、军需物资的开销及采办费用达五十万两白银，这其中三分之二来自江苏税收、厘金及淮南盐厘。[②] 江苏也是唯一一个能负担得起这么一大笔军事开支的省份，而李鸿章正是时任江苏巡抚。用李鸿章自己的话来说，从前胜、僧、袁诸帅，皆握军符于“客境”，而他治兵本省，权无旁扰，饷源全恃吴中。[③] 李
117 鸿章的言论很有说服力，尤其是当人们回想起那些依靠其他省份补贴生计的军队是多么地为饷银所困扰时。1860 年冬，曾国藩从前线回到南京，在这里，他最大程度地完成了为前线筹资的任务。[④] 江南财力与淮北人力的联姻是曾国藩与李鸿章合作产生的一件无与伦比的杰作。

除了丰富的财政与物资供应，李鸿章还利用现代设备来加快运输速度。1863 年之前，淮北的动乱中断了清军的补给线。而另一边的捻军却没有这样的困扰。在内，他们所有村庄的肥沃土地都保持完好，所有农业活动都没有受到干扰。在外，他们则一路沿着行军路线获取补给。1865 年至 1866 年，曾国藩恢复了淮北的秩序，使得颍河、淮河及大运河得以

① 周世澄：《淮军平捻记》，卷 1，第 3 页。

② 同上，卷 1，第 8 页；卷 11，第 16—18 页。在这五十万两中，三十万两为淮军月饷，七万两用于尚未解散的湘军。（《方略》，卷 263，第 10—11 页）厘金是湘军为筹措军费而征收的一种新税种，之后一些省份也进行效仿。其是对内地水陆商品征收的货物通过税。

③ 李鸿章，朋僚函稿，卷 6，第 48 页。

④ 曾国藩：《曾文正公书札》，卷 26，第 19 页。

重新通航。补给通过这些河道源源不断地运送至四大防守重镇。与此同时,无家可归的捻军的命运开始恶化,他们发现已经很难从敌对的、严密守卫的圩寨中获取粮食。李鸿章到达前线后,这一情形进一步恶化。1867 年夏,李鸿章在位于山东沿海的胶州设供应局,负责接收通过海路由上海运来的米粮军火。① 此时,淮军的封锁计划已经将军事行动范围缩小到山东半岛。当捻军发现他们已经很难就近从当地人手中获得其储存的粮食时,淮军却享有从远处的上海与福建输送来的大米。

第二年,李鸿章要求三口通商大臣崇厚②(1826—1893 年)为淮军筹拨漕粮,以弥补供应的不足。同时,他要求福建船政大臣沈葆桢③(1820—1879 年)从南方为他提供额外的大米。④ 崇厚迅速对这一要求做出了回应。他将原本准备供应中央政府的一万三千担洋米转运至山东。⑤ 崇厚还提议用造船资金购买十万担大米,并用蒸汽机船将其运往天津。⑥ 在与捻军作战的最后一 118
年,天津成为了淮军的补给站,海上运来的粮草、物资及从上海筹措的资金被源源不断地从天津运往山东前线。⑦

---

① 李鸿章,朋僚函稿,卷 7,第 14 页。
② 恒慕义,第 209 页。
③ 恒慕义,第 642 页。
④ 周世澄:《淮军平捻记》,卷 10,第 20 页。
⑤ 《天津县志》,卷 16,第 22—24 页。
⑥ 同上,卷 16,第 27—28 页。
⑦ 同上,卷 16,第 29 页。

在蒸汽机船沿海岸线运输的物资中，最重要的是西式武器。[①] 1864 年以后，淮军各营都请了洋人教练来指导其使用新式

① 运用火器并不是清军的特权，捻军也使用了同样的武器。1853 年，在捻军围攻沈丘时，他们已经拥有并利用枪炮来进攻城池。(《方略》，卷 4，第 1 页) 第二年，在一场与捻首李三闹所率部队的交战中，清军从敌人手中缴获的战利品令其惊讶，包括枪炮器械六百余件，火药铅丸两千余斤。(《方略》，卷 5，第 6 页) 19 世纪 50 年代初，捻军经常袭击装有枪支和军械的政府船只。(《方略》，卷 8，第 12 页；卷 9，第 2 页) 虽然李三闹是捻军首领，但他也曾向官军投诚，其麾下捻众被编入团练。他的队伍很有可能是在投降期间从官军那里获得枪支的。不过，纵观整个起义过程，捻军都没有扩大火器的使用，很多地方都显示出，捻军更倾向于使用长矛作为其主要装备。这或许是因为他们虽然能偶尔通过袭击政府装备库来获得武器，但却无法及时地填补损失，抑或是因为他们的飘忽战术并不需要大量的枪炮。

清军虽然有能力采购更多的枪支和弹药，但他们仅在攻击捻军据点时依靠它们。当在战场上遇到捻军时，清军火器的威力就瘫痪了，捻军的骑兵往往在其装填弹药的间隙就已经冲到面前。(王定安：《求阙斋弟子记》，卷 11，第 1 页) 通常情况下，捻军驰骋的距离远远超过了火器的射程，因此，在 1865 年前，火器在对捻作战中仅起到非常有限的作用。

在淮河流域，我们提到的火器通常是指传统的前膛枪。武器革命是在淮军进入淮北战场后才发生的。这一时期所谓的洋枪虽然依旧是前膛枪，但已改进了枪膛线，子弹取代了火药与弹药。当然，在 19 世纪 50 年代末，这种类型的武器在淮河地区已经非常有名了。1859 年，胜保提银万两购办西方洋炮装备他的炮船，1862 年，徐州总兵、提督田在田组建了一支配有西式洋枪的特别营。(《方略》，卷 65，第 20—21 页；卷 137，第 28 页) 一位叫金安清的官员受命在江浙代筹皖饷，不仅建议胜保、翁同书使用西式武器，还采取行动，从上海为他们购入洋炮三百尊及洋枪六百支。(《皇朝经世文续编》，卷 95，第 70 页) 此时主要的问题是财政收入的严重不足，1860 年后，江浙大部分地区都被太平军占领，而胜保又被召回，故这项新举措中断。

武器。① 每营皆配备洋枪四百余杆，如此，这支由五万名勇丁组 119
成的部队共计拥有三万至四万支洋枪。② 此外，李鸿章装备的四
个炮兵营连同戈登留下的一千名洋枪手共同补充了他的军队。③
沿海岸航行的蒸汽机船很好地解决了运输开花炮的问题，因为老
式的内河船只不宜用于运送大炮。④ 李鸿章认为，在天津建立制造 120
局可以避免长途运输所带来的风险。于是，他将上海机器局中的技

---

① 周世澄:《淮军平捻记》，卷1，第9页。刘长佑于1863年对直隶军队进行了重组，接着，整顿的范围扩展至京师神机营。也就是说，一定数量的普通士兵被挑选出来进行了特殊训练。(《清朝续文献通考》，卷217，第9635—9636页)这些重组后的直隶与京师练军都装备有西式武器。(《天津县志》，卷16，第19—21页;《方略》，卷175，第8页)1868年，当西捻军进攻直隶，进而攻入山东北部时，直隶练军与在本省战斗的其他军队进行了合作，为达到封锁包围的目的，其作战范围甚至推进到山东东部的东昌以及山东—直隶交界处的减河。[《山东军兴纪略》，卷4(下)，第5页]1867年一月，陕西回民起义达到高潮，在前往陕西的途中，左宗棠在汉口重新武装其部队，为50%—60%的士兵配备了洋枪。(左宗棠:《左文襄公书牍》，卷9，第15页)在到达陕西之前，他收到朝廷谕令，命他与该省的西捻军交战。接下来一年，左宗棠没能将捻军封锁在陕西境内，只能一路尾追，跟着他们来到直隶，继而到达山东。在曾国荃(1824—1890年，恒慕义，第749—751页)于1865年成为湖北巡抚后，他曾率领湘军旧部多次与捻军在湖北与河南交界地带作战。他也极力主张采用新式武器。(曾国荃:《曾忠襄公书札》，收录于《曾忠襄公全集》，卷8，第44页)1866年，在山东这个最后几年至关重要的战场，巡抚阎敬铭购入洋枪一千余支。[《山东军兴纪略》，卷5(上)，第10页]1865年至1868年，效仿淮军模式使用西式武器的风气盛行，就像1860年左右各省军队纷纷效仿湘军体系一样。

抛开这些军队后期的发展不谈，他们在此时更换武器都是为了镇压捻军。事实上，1867—1868年，以上提及的所有军队都参加了在山东的作战，尽管这些战役没有在他们各自的省份进行。

② 周世澄:《淮军平捻记》，卷1，第9页;卷12，第3页。《方略》，卷234，第3页。根据湘军与淮军体系，每营除军官及随营长夫外由五百人组成。

③ 同上，卷1，第9—12页。

④ 《方略》，卷235，第3页。

术人员与工匠召集到天津，在这里开局铸造炸弹，以资应用。[①] 就这样，军事上的需求为随后天津机器制造局的成立奠定了基础。

面对现代武器的汹涌浪潮，手握长矛的捻军束手无策。远程来复枪击中了许多试图从敌军面前逃走的捻首与其部下。由于捻军首领通常手执大旗将其作为指示进攻方向的信号，所以清军的洋枪手很容易就能辨别出捻军首领的位置，他们都是有价值的攻击目标。捻军领导人之一任柱就是这样死去的。[②]

面对这种令人绝望的局面，捻军只好求助于他们的老手艺。他们突袭了淮军的弹药库。1867 年夏天，大运河上的驻军发现，捻军的马队不仅都携带有洋枪，而且射击技术也很娴熟。[③] 五个月后，捻军与清军在邹县附近接仗时调用了十一门开花大炮。[④] 在接下来的一年，进入山东的西捻军也如法炮制，他们从清军处劫走众多洋枪。[⑤] 然而，这并不是一种可靠的供给手段，因此，捻军也在寻找更直接的供应来源。"贼中有洋匪二名，句结洋人百余名到劳山口与任、赖相见，仍令潜回购办洋炮。"[⑥]

---

① 周世澄：《淮军平捻记》，卷 12，第 4 页。位于上海的江南制造局由李鸿章于 1863 年创办。

② 关于任柱之死，流传有多种记载。据李鸿章的奏折所称，任柱身旁的头目潘贵升向淮军投诚，并与其新上司达成协议，一有机会就杀死任柱。1866 年十月，当双方在山东与江苏边界接仗时，浓雾掩护了假持捻军旗帜的潘贵升。他成功地混入了捻军当中，并趁乱用枪将任柱从马上击落。（《方略》，卷 288，第 22 页）在另一份史料中，是刘铭传与庆善（史料为善庆——译注）亲自冲在队伍前列射杀了任柱，但潘贵升冒领了这份功劳。为了鼓励这位前捻军首领，刘铭传与善庆将此功劳让与潘贵升。（《山东通志》，卷 117，第 3332 页）后一份史料可信度较低。不管怎样，这两个故事都告诉我们，被李鸿章赞为"今日第一等骑将好汉"的任柱是被洋枪射杀的。

③ 丁宝桢，卷 2，第 21 页。

④ 《方略》，卷 286，第 2—3 页。

⑤ 同上，卷 309，第 10 页。

⑥ 丁宝桢，卷 2，第 48 页。

这个说辞来源于1867年七月，即东捻军被镇压的五个月前，一名 121
被俘捻军的供词。供词的可信度并不高，也没有任何证据表明捻军购买西式枪支的计划曾实现过。这个说辞只能表明捻军在他们最后的挣扎中是多么迫切地渴望得到新式武器，以及这些新式武器在多大程度上促进了淮军的胜利。

与这些西式武器同等重要的是淮军的骑兵。淮军在奉命与捻军作战、保卫安徽前并无马队。① 自1865年三月起，淮军将领们开始从察哈尔与绥远购买马匹。到1867年秋，经过两年半的时间，淮军及湘军余部所购战马已达八千匹，骆驼约一千只。② 这是僧格林沁骑兵规模的三倍，而僧王的马队在1865年前曾是所有剿捻部队中最强的。在这其中，有百分之九十，即超过七千匹的战马都归了淮军所有，而在这七千匹中，有三分之一以上分在刘铭传的麾下。③ 刘铭传的部队早已享有盛誉，被认为是淮军中最强大、最有纪律性的部队。这支庞大的骑兵队伍使他的部队和捻军的队伍一样灵活且具有机动性。事实上，刘铭传并没有背离僧格林沁的追击策略。④

很明显，淮军比以往任何一支军队都更重视马匹。这样一支精锐的骑兵队伍鼓舞着他们继续沿用僧格林沁的战略。然而，如果对骑兵重要性的过度强调是一个谬误，如果僧格林沁的策略使他付出了无法挽回的损失，那么淮军为什么还要重复同样的错误

① 周世澄：《淮军平捻记》，卷11，第9页。

② 同上，卷11，第9—10页；《方略》，卷228，第25页。

③ 周世澄：《淮军平捻记》，卷11，第10页；《方略》，卷283，第19页。根据淮军军制，马队每营有马二百七十六匹。（周世澄，卷11，第2—3页）在淮军二十八个马营中，刘铭传掌有十三营。（李鸿章，朋僚函稿，卷7，第2页；周世澄，卷11，第10页）在这七千匹马中，有八百匹是接收自被解散的霆军（由鲍超领导的一支湘军部队）。

④ 李鸿章，朋僚函稿，卷6，第29页。

呢？首先，淮军对骑兵的重视并没有分散曾国藩与李鸿章的注意力，他们还在继续执行从根基上摧毁捻军巢穴的基本政策。换言之，骑兵只是为他们提供了一种工具。其次，即使是作为一种工具，它也只代表整个机器的一部分。曾国藩和李鸿章从来没有盲目地、
122 完全地将他们的全部希望放在骑兵身上。此外，淮军的财力也足以负担这八千匹马。因此，他们可以实施大规模使用骑兵的策略。[①]在这方面，胜保和袁甲三治下的军队都是无法与之相比的。

曾国藩刚一接手北方的指挥权，就立刻提议建立黄河水师。为了支持这一提议，直隶总督刘长佑用炮船取代了之前船队中的民船。[②] 在山东河段，尽管当时在江苏北部的运河船队已赴山东运河防守，曾国藩还是主张采用同样的策略。[③] 第二年，巡抚阎敬铭添设了一队装满洋枪的舢板炮船。[④] 1868 年，除属于淮军的水师外，李鸿章还集中了黄翼升[⑤](1818—1894 年)统领的淮扬水师在大运河山东段巡查。[⑥] 如果没有这些水上力量，淮军很难通过天然屏障实现对捻军的封锁，尤其在这些天然屏障大多都是河流的情况下。50 年代末，胜保与袁甲三也曾在淮河一带用水师协助作战，但那些弱小的舰队被捻军水师击溃了。[⑦]

---

① 这一时期，左宗棠也花费了十多万两从内蒙古购置马匹。(左宗棠:《左文襄公书牍》，卷 9，第 26 页;《方略》，卷 286，第 12 页)1865 年，巡抚阎敬铭为山东购置了五百匹马。[《山东军兴纪略》，卷 4(下)，第 17 页]第二年，他的继任者丁宝桢从满洲征募了一批马勇。(《方略》，卷 267，第 16—17 页)

② 王定安:《湘军记》，卷 20，第 12 页。

③ 《方略》，卷 229，第 18 页。

④ 《山东军兴纪略》，卷 5(上)，第 10 页;《山东通志》，卷 117，第 3330 页。

⑤ 恒慕义，第 526 页。

⑥ 王定安:《湘军记》，卷 20，第 12 页。

⑦ 在胜保亲督大军向正阳关前进时，他遇到二三百条捻军的船只“樯帆林立”于淮河之中。(《方略》，卷 29，第 10 页)在六安的一次战役中，清军上报称从捻军手中夺获船只一百二十余艘。(《方略》，卷 44，第 1 页)

最后，淮军得以战胜捻军要归功于李鸿章的战略。胜保强调的是以抚为剿，僧格林沁强调的是以追为剿，曾国藩强调的是以守为剿，而李鸿章则将抚、守、追三者合而用之。[①] 我们已经看到，他不仅赦免了投降的捻军，还将他们编入自己的军队。但他的赦免绝不是绥靖。被赦免的捻军在经过重新组织与教化后，为 123
淮军注入了新的血液。他们并没有将李鸿章的营地作为临时据点，在下次起义时机成熟后再次叛逃。此外，李鸿章将淮军的马队的马匹增加到七千匹的事实表明，他不仅继续采用追击策略，而且加大了追击的力度。"诸军耐冻忍饥，日驰百数十里，始弃辎重，后并锅帐而弃之，各裹干粮，日夜奔逐。"[②]李鸿章自己都认为，如此迅捷的行军速度创下了他军中前所未有的纪录。[③] 然而，这一纪录不是在多个省份的广大的地域上被创造的，它只是 1867 年夏天后的一个包围圈内的纪录。在这里，封锁政策正在发挥着作用。

在接替曾国藩后的前半年，李鸿章几乎没有改变曾国藩的河道防御体系，尤其是在大运河东岸建起的防御屏障。他所做的唯一变动就是将山东防线移交给山东军，以腾出负责长沟南段的淮军来增强追击捻军的力量。[④] 不过，山东军驻守防线向南延伸使得北段防线的驻军人数有所减少。1867 年五月，基于对富裕的东三府的垂涎，捻军通过这一薄弱地段冲破了长达两年的防御体系。[⑤] 捻军成功地抵达了山东东部，这使大运河东岸的防御工事

---

① 《皇朝经世文续编》，卷 95，第 70 页。
② 周世澄：《淮军平捻记》，卷 8，第 6 页。
③ 同上，卷 9，第 2 页。
④ 丁宝桢，卷 1，第 32 页；《方略》，卷 279，第 2—3 页。
⑤ 《山东军兴纪略》，卷 6(上)，第 3 页；周世澄：《淮军平捻记》(原文即未注明页数——译注)。这里所说的东三府是指登州、青州及莱州所辖的地区。

失去了意义。①

124 然而，刘铭传却在这次失败中看到了新希望的火花。他建议李鸿章将防御屏障由东岸转至西岸，将捻军牵制在山东东部。②

山东东部面对的是无边无际的大海。根据刘铭传的筹划，若清军能够将防御工事转移到西岸，并将枪口转而向东，那么山东东部将成为诱捕捻军的陷阱。当然，山东巡抚丁宝桢不愿东三府被捻军蹂躏，更希望将捻军逐出山东。③ 但是，除丁宝桢外，周围省份的其他巡抚都以"牺牲三府救三省"为由全力支持封锁政策的实行。④
封锁区在北部以黄河为界，西部及西南部以大运河为界。沿着大

① 防御体系并没有对捻军造成太大的伤害。1866 年九月，当捻军在山东西南部屡屡碰壁后，他们回到河南，并在那里兵分东西两路，张宗禹率领其中一支前往陕西。(《方略》，卷 261，第 24 页)1865 年后，捻军曾多次分裂，但这次之后他们再也没能重聚。张宗禹率领的前往陕西的这支捻军被称为西捻军，而由任柱、赖文光领导的，继续徘徊于河南，进而至山东东部的这支捻军被称为东捻军。如此，捻军的活动远远超出了钦差大臣的控制范围。1866 年秋，曾国藩将贾鲁河以西的防御任务交给鲍超。然而，在与捻军的斗争中，运气并没有像他与太平天国斗争时一样站在鲍超这一方。他在河南西部徘徊数月，却没有获得任何与捻军接仗的机会。(曾国藩:《曾文正公全集》，批牍，卷 4，第 11 页;《方略》，卷 260，第 34 页)皇帝谕令其前往陕西，但曾国荃却突然将他召回湖北。这种不确定的情况使他的军队在两个目的地之间摇摆不定。最后，在 1867 年一月，他和刘铭传的部队成功地在湖北安陆附近与捻军接仗。但是，刘铭传的一次单独行动破坏了整个计划，同时这次行动也导致刘铭传部损失惨重。虽然鲍超最终赶到并挽救了整个战局，但鲍超与刘铭传却相互指责。李鸿章当然是更偏向于他自己的手下。鲍超对这种不公大为光火，继而以身体不适请求开缺。(《清史稿》，列传 196，第 9 页)随着鲍超部队的解散以及刘铭传军队的受挫，捻军的熊熊之火继续在大运河以东的各省份燃烧。1867 年五月之前，运河防线所能起到的最大作用是保护安徽、江苏北部以及山东东部。若将镇压捻军作为最终目标来讨论，运河防线的战略意义似乎就没那么大了。

② 《方略》，卷 279，第 23—24 页;卷 290，第 10 页。王定安:《湘军记》，卷 16，第 21 页。

③ 李鸿章，朋僚函稿，卷 7，第 10 页;《方略》，卷 279，第 23—24 页。

④ 《山东军兴纪略》，卷 6(中)，第 2—3 页;《方略》，卷 280，第 10—11 页。

运河,淮军在李鸿章弟弟李昭庆的带领下接管了从韩庄到猫儿窝的守卫,安徽军负责猫儿窝到宿迁段,漕运总督张之万负责从宿迁到清江浦及淮安一带。① 虽然运河没有流经湖北及河南两省,但湖北及河南的地方军填补了淮军留下的缺口,从而完成了运河防线的驻军守备。在黄河段,齐河以西区域的守卫工作被分配给

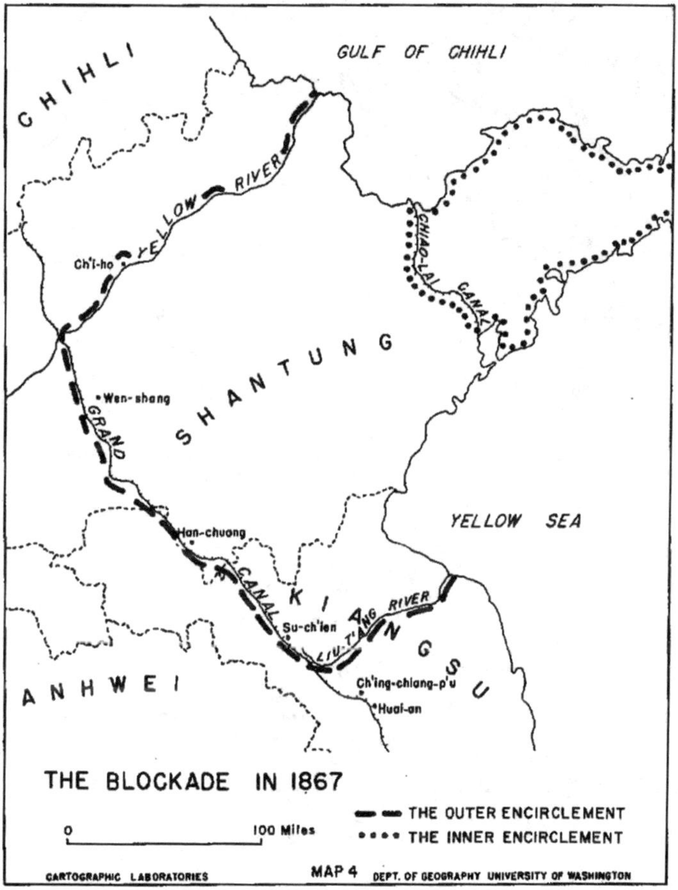

图 4　1867 年的封锁

① 《方略》,卷 281,第 25 页。

124,125 山东军与直隶军,张秋因位于黄河与大运河的交点而除外;齐河以东的区域交给了由山东军与山东团练组成的联合部队。① 沿着这两条线集结的军队多达十万人。②

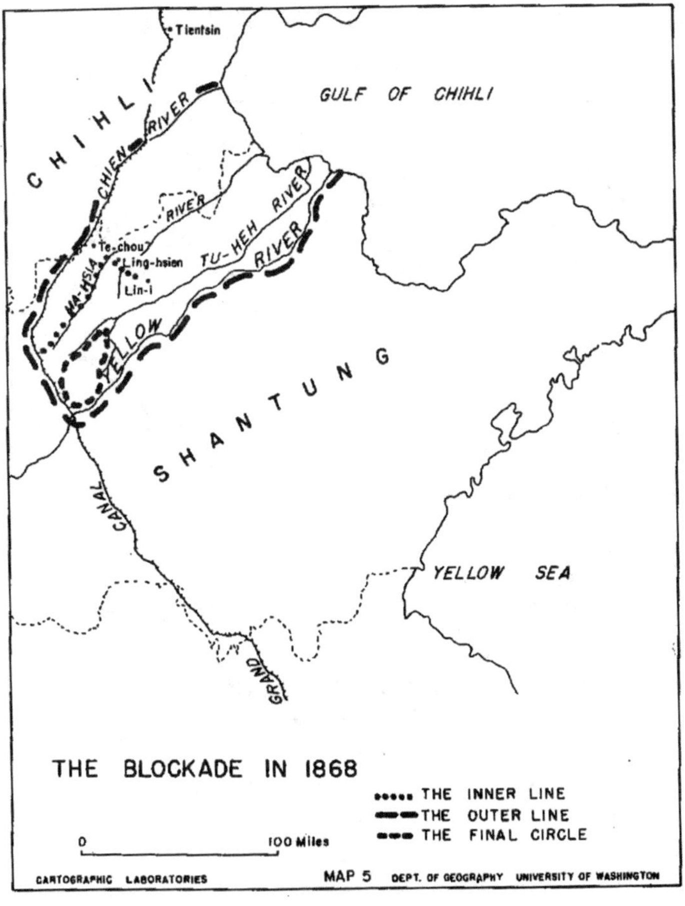

图 5　1868 年的封锁

① 丁宝桢,卷 10,第 12 页;卷 11,第 10 页。《方略》,卷 280,第 10 页。
② 《方略》,卷 280,第 26 页。

然而，在这个包围圈中，捻军仍有相当大的回旋余地。此外，运河沿线长达一千里，想要使每一处的防御都得到加强是很难实现的。于是，李鸿章将注意力转向山东半岛的胶莱运河。胶莱运河长三百余里，是元朝时为了运输漕粮、避开成山附近危险海道而开凿的，“首尾皆有口通海”。[1] 此时，捻军已经深入山东半岛的尖端。李鸿章计划，只要捻军能留在胶莱运河以东，他就可以利用这条运河作为他封锁体系的内圈防线。在胶莱运河北口以北三十里之处，河道狭窄且水浅易涉。李鸿章派了山东清军驻防此处，而正是在这里，捻军利用山东军的薄弱防守击破了内圈防线。读者应该还记得，两个月前，捻军以同样的方式在大运河东岸的防御点戴庙横扫了附近的山东清军。从一开始，山东巡抚丁宝桢就相当抵触封锁政策，因为封锁政策将他所统领的省份变成了战场。如今，内圈防线的破裂进一步加剧了李鸿章与丁宝桢之间的不和。丁宝桢指控道，李鸿章以等待湖北地方军增援为托词，未及时从南段调遣军队来加强守备胶莱河北口。[2] 李鸿章辩解称，是因为丁宝桢忽视了防御工事的巩固，且勇粮未能及时发放，方导致捻军越过胶莱防线。[3] 对李鸿章的批评公允与否取决于他是否清楚胶莱河北段河道狭窄且水浅易涉的情况。作为总指挥，提前了解河道情况是他的职责。如果他注意到了这点，那他就该从淮军中派出足够的军力来弥补此处的天然缺陷。但相反，他让潘鼎新派山东军中的四个营来接管该段。从曾国藩与李鸿章的通信中，我们已经得知他们对各省省军毫无信心。[4] 126

---

① 周世澄:《淮军平捻记》,卷5,第7—8页。

② 丁宝桢,卷3,第3页。

③ 《方略》,卷284,第2页。

④ 李鸿章,朋僚函稿,卷6,第33页;卷7,第16—17页;卷8,第28页。曾国藩:《曾文正公书札》,卷25,第25页;卷26,第6页。《方略》,卷249,第8页。

我很好奇，为什么李鸿章会让一支他看不起的军队驻防如此薄弱之处？

内圈防线被打破后，巡抚丁宝桢第一个提议取消封锁，[①]甚至曾国藩对封锁政策的信心也有所动摇，只有李鸿章一人依然坚定。[②] 他看到，由大运河与黄河构成的外圈防线依然完好无损。如果捻军不能在封锁区域内被消灭，那么一旦捻军从外圈防线逃出，剿捻形势将更加无望。以上是李鸿章的观察，他对自己的这项决定充满信心，这也致使东捻军在五个月后被镇压。之前，政府骑兵的损耗大部分是由令人精疲力竭的追击造成，而不是在战斗中被歼灭的结果。如今，缩短的距离给了淮军庞大的骑兵以机会，使其能够集结兵力对捻军进行决定性的打击。在东捻军被消灭之前，封锁区内进行了四次决定性的战斗。[③] 在第二场战斗中，任柱被击毙，这对捻军而言是致命性的打击。在最后一场战斗，即浠河之战中，捻军伤亡及被捕人数超过三万，精锐人员和辎重一战而尽。[④] 太平天国余部及东捻军的共同首领赖文光在最后一战中幸免于难，他在最后时刻（1867 年十二月）成功地抢渡了六塘河，从而穿过了封锁线。但这次抢渡后，他身边仅剩骑兵几百名，他的死亡也仅仅推迟了很短的一段时间，最终，他在安徽东北部的盱眙被俘。[⑤]

---

① 丁宝桢，卷 3，第 10 页。

② 曾国藩：《曾文正公书札》，卷 26，第 16 页。

③ 第一战是发生于 1867 年十月十七日的安丘之战，二十四日任柱被杀乃为第二战，第三战为二十八日的海州之战，第四战则是十一月十日的浠河之战。（周世澄：《淮军平捻记》，卷 6，第 12—17 页；卷 7，第 1—14 页）

④ 同上，卷 7，第 15 页。

⑤ 同上，卷 7，第 13 页。

本书不详细展开讲述西捻军与清军在陕西的斗争。1868 年十一月*，张宗禹东渡黄河进入山西，接着进入直隶，并最终到达山东。东捻军的灭亡使其位于西部的战友们意识到山东就是一个圈套，但清军的阻拦与追击把他们推向了那个方向。据《涡阳风土记》记载，张宗禹从陕西突围向东是对任柱求援书信的回应，后者在山东的封锁圈内被击垮了。② 笔者怀疑这并不是主要的原因。起初，张宗禹在陕西看到了新的发展前景，他认为可以与该处的回民起义者进行合作。③ 但是，当他踏上这片土地后，便对此处粮食的短缺倍感失望。④ 捻军游荡的主要目的是获取米粮，而进入陕西后得到的结果与其目的背道而驰。1867 年四月，左宗棠来到陕西，西捻军的处境更加艰难。除湖南勇兵外，左宗棠麾下还有由曾国藩从安徽派来的刘松山、郭宝昌的部队。⑤ 只要左宗棠的军队继续驻扎在陕西，张宗禹就几乎没有在该省扩张的余地。此外，左宗棠决意在进一步处理西北回民起义问题前镇压捻军，⑥并打算复制此时正在山东实行的封锁政策。⑦ 张宗禹认为，如果他无法像曾经对待巡抚刘蓉⑧（1816—1873 年）的军

127

---

* 应为 1867 年十一月。

② 《涡阳风土记》，卷 15，第 21 页。

③ 《太平天国诗文钞》，卷 2，第 99 页。

④ 即使在和平时期，陕西也因为缺少水源与土壤贫瘠而处于粮食匮乏的状态。左宗棠与鲍超在奉命前往陕西时都将粮食短缺视为其首要问题。（左宗棠：《左文襄公书牍》，卷 9，第 9 页；《霆军纪略》，卷 11，第 7—8 页）捻军也面临着同样的问题。

⑤ 在前往陕西的路上，左宗棠以新募而来的湖南兵勇重建了他的军队。（《方略》，卷 270，第 1—2 页）刘松山的部队通常被称为“老湘营”，郭宝昌的部队是从皖军中分离出来的。［刘松山，（1833—1870 年），恒慕义，第 765 页］

⑥ 《方略》，卷 281，第 20 页。

⑦ 左宗棠：《左文襄公书牍》，卷 9，第 56 页。

⑧ 恒慕义，第 538 页。

队那样给左宗棠造成沉重打击，以及在此时进行全面作战与捻军的战术不符，那么他没有理由继续在陕西逗留，等待左宗棠实现其所设想的封锁计划。1867 年冬天，张宗禹一心思考的便是如何离开陕西。为实现该目的，他率部驰向陕北，从那里他可以很轻易地跨越黄河到达山西。张宗禹的北移证实了左宗棠的判断，即捻军急于穿过山陕边界。[①] 左宗棠推断，山西的兵力是无法与捻军相抗衡的。事实证明左宗棠是正确的。十一月，张宗禹利用
128 冻结的河水，几乎没有遭遇任何抵抗就进入山西。当山西巡抚“括标兵得三百人，率以仓皇南下”时，刘松山已经率军将捻军驱至河南了。[②] 1868 年一月，捻军进入直隶南部，直接威胁到首都安全，并一度攻入天津郊区。这一紧急形势迫使清政府将京师神机营投入战场，此外还有直隶总督官文[③]（1798—1871 年）手下的直隶军，三口通商大臣崇厚所率的天津洋枪队，由陕西一路跟随捻军而来的左宗棠部下，以及跨省而来的山东军，最后是李鸿章的淮军。但是，面对肆意推进的捻军，如此庞大的军队似乎束手无策，任由其蹂躏神圣的首都所在的省份。一项顾虑使清军在是否向捻军大力施压上犹豫不决——除非京师南部得以设立重防，否则清军在南部的任何行动都将推动捻军北犯京师。[④] 在直隶平原上，可以用来阻止捻军前进的河流是漳河，但在泥泞的河岸上修建防御工事是极其困难的。[⑤] 在李鸿章完成对卫河的防御部署之前，捻军已经冲破其防线。三月，捻军从东昌过大运河。他们的目标是天津及其周边地区，但是，在其北上计划被挫败后，

---

① 左宗棠:《左文襄公书牍》，卷 9，第 59 页。

② 《山西通志》，卷 78，第 37—38 页。

③ 恒慕义，第 427 页。

④ 《方略》，卷 301，第 7 页。

⑤ 李鸿章，朋僚函稿，卷 8，第 7 页，第 10 页。

他们再也无法回到大运河以西的地区了，他们面临着与一年前的东捻军同样的命运。

捻军进入大运河以东的地区重新点燃了李鸿章的封锁计划。[①] 左宗棠虽然在几乎每一个问题上都与李鸿章意见相左，但他完全同意这个计划。[②] 与前一年不同的是，1868 年对西捻军的封锁位于黄河以北，大运河位于其西侧。由于北侧仍然是开放区域，于是淮军掘开了捷地的堤坝，让运河水灌入减河，向东直通大海。[③] 之后，马颊河被当作内圈防线，用长墙与临邑相连。[④] 最
后，刘铭传将西捻军围困在徒骇河、黄河、大运河所围成的一个小 128,129
圈之中。[⑤] 正是在这个包围圈内，六月二十八日，张宗禹在绝望中投井自尽。[⑥] 这就是西捻军的灭亡。

在前一年，封锁计划的实施是在李鸿章的全权指挥下进行的，到了 1868 年，在方圆仅数百里的一小片区域内，同时出现了两位亲王及六位统帅。[⑦] 原则上，大运河西岸的驻防任务分配给了左宗棠、官文、崇厚麾下的部队，但由于兵力不足，无法覆盖整个防线，于是德州以北的地区同时由直隶和山东的地方团练协防。[⑧] 在东岸，临清到张秋各段分别由安徽军、山东军与淮军负责。[⑨] 得益于漳河与卫河水流量的增加，运河水位升高，李鸿章

---

① 《方略》，卷 309，第 6 页。

② 左宗棠：《左文襄公书牍》，卷 10，第 3—4 页。

③ 《方略》，卷 310，第 2—3 页。

④ 丁宝桢，卷 5，第 49 页。

⑤ 《方略》，卷 317，第 6 页。

⑥ 李鸿章，朋僚函稿，卷 8，第 48 页。

⑦ 六位统帅分别为：钦差大臣李鸿章、钦差大臣左宗棠、直隶总督官文、三口通商大臣崇厚、满洲驻防将军德兴阿，以及京师神机营的官员。

⑧ 左宗棠：《左文襄公书牍》，卷 10，第 9 页。

⑨ 《方略》，卷 312，第 3 页。

从南方抽调来的淮扬水师获得了可自由穿行的通道。[①] 在封锁区内,仍然是淮军肩负着对付捻军的主要任务。在这种情况下,左宗棠、官文、崇厚等重要人物的出现,只会使号令纷纭,使战场更加混乱。[②]

与最高统帅之间多有分歧不同,直隶与山东的百姓大都相互配合。根据可获取的材料来看,这里所提及的“百姓”包括绅民,即士绅与平民。我们不应将他们与1864年前与捻军合作的百姓混为一谈。捻军的合作者多在山东南部,特别是在山东、河南与直隶的交界处,这里曾散落着捻军的老巢,1855年的黄河洪害使这里成为起义者的避难所。1867年至1868年,政府的合作者是大运河西岸直隶段以及山东黄河南岸的百姓,这两地尚未被捻军的影响力所波及。捻军的迂回进攻所造成的破坏使这些地区的
130 人民多有怨言,他们迫切希望得到强大的淮军的帮助,以尽早结束这种痛苦。

1867年十二月,山东百姓在黄河两岸修筑长墙共一千余里。此系民间百姓自行捐办,不过二十日即修筑完成。[③] 第二年夏天,在时任直隶臬司、前淮军将领张树声的鼓励和监督下,直隶百姓在大运河西岸沿运河完成了同样的事情。[④] 在长墙背后,当地团练动员了数十万人进行防御,且皆自备器械口粮。[⑤] 他们与政府的驻防军队共同承担了防御重任,而不仅仅是扮演着辅助的角色。面对如此强劲的堵击,捻军在大运河沿岸徘徊数日,始终没

① 王定安:《湘军记》卷16,第23页;王闿运:《湘军志》,卷14,第16页。
② 李鸿章,朋僚函稿,卷8,第41页;左宗棠:《左文襄公书牍》,卷10,第11页。
③ 丁宝桢,卷4,第40页;李鸿章,卷8,第27页
④ 周世澄:《淮军平捻记》,卷10,第5页;李鸿章,朋僚函稿,卷8,第31页。
⑤ 《方略》,卷312,第13页。

有获得渡河的机会。[①] 在封锁区内,特别是在马颊河堤防与长墙围成的封锁圈完成后,村民们修筑了大量的圩寨,以此将精疲力竭的捻军拒于门外。在地方百姓的配合下,封锁圈不仅封住了捻军的逃生之路,也封住了捻军生存的希望。

① 《方略》,卷316,第7页。当地百姓的配合并不排除在一些地区人民仇视清军的事实。山东东部一些沿途州县即对向胶莱运河进军的淮军闭城不理。(《方略》,卷284,第11页)在山东、直隶以及河南,扰民的不法士兵与当地人之间的武装冲突以及杀害过往官军的事件频频发生。(《方略》,卷304,第22页;卷310,第10页;卷314,第39页)不过,这些案件都是一些局部事件。与直隶、山东百姓对捻军的敌对态度相比,这些事件造成的破坏几乎可以忽略不计。

结　　语

131　捻军在起义之前所进行的诸如聚赌、绑架、抢劫等行为，往往给人以他们与普通地方“土匪”无异的印象。然而，当捻军与白莲教之间的关联被发现后，这一观点得到了修正。自南宋以来，白莲教领导下的农民起义不断发生，这表明虽然统治者可以短暂地将其镇压，但该教派的地下组织一直存在。一旦时机成熟，白莲教便会再次从地下走到地上，发动新的起义。及至清朝，除继续反抗统治者的压迫外，反满思想也成为白莲教的意识形态之一。若考虑到这一点，我们便不会再惊讶于19世纪50年代突然且同时爆发的诸多起义了，它们分散在淮北多地，而这里也是捻军盛行的地方。

王权的衰落使长期被压制的地方力量的崛起成为可能，反复爆发的饥荒为农村暴动铺平了道路。然而，若无有组织的引导，这场起义可能只会停留在地方层面并且势力单薄。因此，捻军社会（Nien society）本身是一个有组织的实体，这是一个极为重要的因素。除非我们认识到，有别于普通的暴动者，捻军还是一个秘密社会，否则我们将很难理解，作为一个松散的起义团体，捻军是如何能够将其各股力量凝聚起来，如何能够吸收外围力量，并最终将淮北变成用来对抗清军的坚实堡垒的。

因此，在将淮北的地方武装发展成为一支地方性势力的过程中，捻军不仅提供了意识形态，也提供了相应的领导力。

认识到捻军的根据地位于北方而不是南方也同样重要。华北平原的地理条件决定了这里需要通过修筑圩寨来进行防御，同时这里也为骑兵提供了广阔的原野。

虽然有人反复强调，圩寨并不仅存在于淮北地区，但在捻军统治的区域，圩寨发挥着特别的作用。早在 1856 年，捻军已经制定出五旗军制来纠正其松散的捻股间的分散倾向。但若没有基层结构的支持，五旗军制所带来的联合便只是暂时的。1853 年之后，迅速出现的圩寨使之前流动的众捻股逐渐稳定。1857 年 132
至 1859 年，张乐行将这些圩寨联结起来，形成一个有机的网络，并因此完善了独一无二的捻军组织。在这个联合体中，每个圩寨社区在处理自己的内部事务方面都保有极大的自主权。这种联合将捻军组织推进到更高的阶段，但同时也没有从根本上背离捻军的传统。

饥荒为淮北与山东南部白莲教分支的复兴提供了肥沃的土壤。1853 年至 1859 年，饥荒仍在延续。圩寨可以保证捻众的安全，却无法抵御饥饿的困扰。在捻军所控制的区域前面是一片一望无际的平原，它一直延伸到河南、山东及江苏北部这些富裕且并未受灾的地区。从这些地区获取粮草、牲畜及俘虏成为捻军增强其经济实力的最便捷的方式。圩寨无法完成这项任务，这是骑兵的职能，因此，捻军从一开始就致力于骑兵的组建。

圩寨和骑兵，一为固定力量，一为机动力量，代表着捻军组织的双重性质。十年来，捻军专注于保卫家园并抵抗周边清军的入侵，但这并没有妨碍他们将进攻范围扩大到八个省份。

然而，这种建立在自治单元基础上的结构也有其自身的局限性。首先,圩主(大多数也同时是旗主)所拥有的地位使捻军很难建立一个高度集权的政权。其次,这个结构虽然在吸收非捻军的地方武装力量上具有足够的灵活性,但它只能在捻军元素(Nien element)充足的情况下存在。由于这一限制,无论他们如何频繁地渗透,都很难永久地占领诸如位于东侧的灵璧、宿州,西侧的归德、陈州,北侧的丰县、砀山、金乡和鱼台,以及淮河以南的地区。在那些捻军元素不足的地方,需要建立一个附属于捻军核心区域的行政体系,但捻军恰恰缺乏这种制度。张乐行在多年的起义生涯中,从未将他的统治范围扩大到浍河以东及沙河以西的地区。最后,由于捻军缺乏一个中枢机构,对外扩张的任务便落在了具有自主权的旗主身上。然而,旗主们往往只关心他们各自的家乡社区。1863 年前,他们的骑兵就已经踏及陕西东部的边缘,但除非是为了获取生产资料,大多数人都不会在战场上逗留太久。载满战利品的车队只向一个方向驶去,那就是家乡。

133 捻军组织的局限性在一定程度上解释了为什么捻军很少占领城市的问题。1855 年九月,张乐行攻陷了蒙城。但是,他并没有占领该城,而是拆毁其城墙,接着转向进攻亳州北部的农村。① 在捻军和太平天国的合作下,他们攻占了安徽六安。② 虽然捻军在六安一直坚守到 1858 年,但他们这样做也仅是为了保留六安来作为桐城与舒城太平军的前哨。为了保卫这座城市,太平天国除了在言语上说服外,还投入了大量的物力来接济摇摆不定的捻军驻军。③ 捻军于 1858 年夺取了霍邱,并占领了凤阳、怀远、临

---

① 《安徽通志》,卷 103,第 4 页。

② 《方略》,卷 30,第 21 页。《续修庐州府志》甚至记载道早已占领该城市的太平军曾邀请捻军一起保卫它。(卷 20,第 12 页)

③ 《方略》,卷 43,第 2 页,第 22 页。

淮,在1861年至1862年围攻了颍州,这些都或是在太平天国的鼓动与支持下进行的,或是由双方联合发动的。[①] 想要保有一座城市并非易事。由于捻军缺乏能够管理城市的机制,因而他们无法使城市为其服务,甚至可以感觉到,占领城市成为捻军的一种负担。1857年至1859年,在太平天国的鼓励和积极支持下,捻军确实占领了淮河沿岸的一些城市。但是,这也迫使他们从自己在淮北的家乡向城市驻军输送补给。我们可以看到,1858年,捻军白旗下的孙葵心、江太林、王怀义带领部下从这些淮河城市中撤出并返回故土。对此,袁甲三给出的解释是因为孙葵心与龚得不和。但我们可以从孙葵心之后的行动中找到根本原因:在回到家乡后,他便重新开始为攻掠山东与河南做准备。因为孙葵心和他的伙伴们没能从占领淮河城市中获得任何好处,于是他们又回到他们的传统行动当中。在控制着安徽中部的太平天国的支持下,捻军对淮河沿岸一些城市的占领并没有使淮北与淮南的控制区域实现整合,而这本将改变安徽的整个军事形势。捻军组织的本质阻碍了太平天国与捻军之间可能的有效合作。

由圩寨社区组成的联合体决定了捻军组织的本质,但这并不意味着圩寨代表了一切。从军事角度看,圩寨与骑兵仅是捻军战术的基础。然而,清军的指挥官们却将这些寨墙视为捻军 134
的核心力量,并据此来制定军事政策。在他们看来,对圩寨的破坏将导致捻军巢穴的摧毁,进而可以铲除捻军。为了达到这一目的,这些指挥官员们认为由三省军队联合围剿是最为合适的策略,因为这样可以获得围攻捻巢的结果。至于捻军的骑兵,官员们认为战无不胜的满族和蒙古骑兵足以应付。因此,

① 《方略》,卷42,第9—10页;卷127,第8页。

有关要求政府从关外调集骑兵及在各省抽调正规军的奏议如雪花般从淮北舞台涌向朝廷。然而,帝国军事力量的衰减预示着所有策略的失败。

官员们忽视了这样一个事实:在每座圩寨的背后,都有一群农民将他们的生命与财产献给捻军的事业。人民的支持构成了捻军真正的堡垒,若官员们无法将农民与其首领分离开来,那么这个堡垒就是坚不可摧的。因此,官员们最需要关心的问题应该是如何赢得农民的支持。

1853 年后,淮北民众开始自发组织地方军事武装,即地方团练。官员们若想与捻军争夺民众的支持,那他们就不得不与当地团练接触。但是,由于地方团练是在政府权力消减的情况下发展起来的力量,因此,相比政府官员,当地有声望者更能得到人民的积极响应。捻军也是源自淮北当地的势力,所以在争取地方支持的角逐中,他们比那些由朝廷委任的官员占有更为有利的地位。因此,后者所面临的障碍是可以理解的。

然而,受命处理捻军事务的官员袁甲三也是淮北本地人。事实上,正是由于这层个人联系,皇帝才将其派往淮北的。袁甲三在淮北驻留的时间长达十年,比他的任何同僚都要久,且他专门与捻军打交道。① 1853 年至 1856 年,他确实尝试过从地方团练中抽调勇丁来补充其部队,直到 1856 年五月,河南—安徽边界的

① 至于另外两名钦差大臣,满人胜保在 1856 年至 1859 年花费了他所有的精力来围攻淮河沿岸的城市。1860 年他在河南作战,1861—1862 年,他解救了被围困已久的颍州。在他担任统帅的所有任期内,他从未踏足过捻军的中心控制区域。僧王僧格林沁于 1862 年冬进入淮北,并在第二年春天离开。1864 年至 1865 年,他所做的基本就是跨越多个省份来追击捻军。而袁甲三与以上二人相反,虽然中间有过几次中断,但他一直与捻军的家乡区域保持着密切的联系。

地方团练仍跟随他前去围攻雉河集。[1] 然而,1856 年后,从团练 135
中抽调新兵在袁甲三军中成为一个无足轻重的因素。即使在袁甲三尝试使用地方团练的时期,他也仅将其视为一种辅助力量,而不是值得大规模动员的潜在力量。由于袁甲三更看重正规军与骑兵,且由于他对捻军本质力量的错误认知,他将曾经是其狂热支持者的地方力量视为眼中钉肉中刺。

我们知道,张乐行与苗沛霖在 1859 年完成了对淮河流域统治权的划分。然而这种局面是逐步发展的结果。一直到 1856 年,捻军的五旗军制才开始出现,到 1859 年,张乐行才完成了沙河与浍河之间地区的统一。迟至 1860 年,与苗沛霖敌对的地方练总还在寿州坚守。在这段如此长的时间里,政府官员们,特别是袁甲三,本有许多机会可以争取到当地势力的支持。政府官员在这方面的失败使地方团练只剩下两种选择:要么投靠捻军,要么在一些像苗沛霖这样野心勃勃的地方练总的领导下集结。

1865 年,包括僧格林沁骑兵在内的正规军全部覆没,政府力量的失败将淮军推上了淮河舞台。淮军并不是专为遏制捻军而组建的,在进入淮北的四年之前,淮军就已经成立了。尽管如此,它的创建者在其创立前夕所持的观点值得特别关注。曾国藩是淮军的创始人,他对淮民的评价与他的前任们不同。1859 年,即在淮军成立的两年之前,他向李鸿章表达了自己的看法。他认为,淮民并非天生从乱,若起义者能够利用其活力,那么清军为何不能利用其力量呢?曾国藩认为,一旦淮河流域的地方武装力量被组织起来,他们的表现将不亚于湘军。这表明,曾国藩既没有

① 《光绪鹿邑县志》,卷 8,第 7 页。

误解淮民的性情，也没有低估他们的战斗精神。1861 年，当淮军仍在南方与太平天国作战时，曾国藩便决定，在镇压太平天国后，保留淮军来处理捻军事务并解散湘军。① 此时，僧格林沁正在追
136 击捻军，但曾国藩预测，在北方，不管是僧格林沁的军队还是其他帝国将领领导的军队都不会取得好的结果。除了决定解散自己的军队湘军外，曾国藩对其他军队的评价及他对淮军的赞扬表明，他不仅打算利用淮民去镇压淮河起义，而且确信从淮河流域征募而来的淮勇是最适合对付捻军的力量。

但在 1865 年前，淮军招募的新丁大多来自淮南。曾国藩利用淮民镇压淮河起义的政策，是否包括利用捻军家乡淮北的人民呢？这个问题的答案可从曾国藩 1865 年刚与淮北接触时的评价中寻见端倪。他认为，如果淮军能吸收淮北元素，将会有更好的发展前景。

然而，在利用淮北人民之前，曾国藩需要先将他们与其首领分离开来。为此，他开始着手“清查圩寨”的工作。当然，成功将捻军与其支持者分离，然后摧毁捻军巢穴，这本身就是镇压捻军的一个条件。但由于曾国藩强调淮北人民的作用，所以他在淮北所做的这些工作也可看作是动员淮北农民的一项初期步骤，这项工作也使他能够利用新圩长的领导力来为清军服务。

1865 年后，淮军将领持续从淮北农民及投降的捻军中招募

---

① 事实上，1861 年时李续宜曾尝试用湘军来平定淮北，1862—1863 年，唐训方也效仿他做了相同的事，但二者都没有取得显著的成功。（王廷安：《湘军志》，卷 7，第 6 页，第 17 页）1861 年，河南巡抚严树森从湖南募集乡勇，按照湘军模式来组织他们，并委任湘军将领李续焘统领这支队伍。然而，这支新军丝毫没有显现出湘军在长江流域所表现出的耀眼才能。最终，饷银的短缺迫使这位巡抚将其遣撤。（《豫军记略》，卷 9，皖匪九，第 8—9 页；皖匪十，第 9—11 页。《方略》，卷 110，第 23 页；卷 131，第 1—8 页；卷 187，第 11 页）

人手。在对捻作战的最后阶段，淮北新丁的人数增长到一个很高的程度，绝大部分的淮军是由淮北人民及前捻军成员组成的。我们知道，捻军与清军较量的关键在于谁能赢得地方武装力量的支持。1865 年前，捻军之所以能占据优势地位，是因为他们成功地将当地人民组织起来并形成一支地方势力，而他们的对手却未能做到这一点。现在，由曾国藩发起、李鸿章实施的策略转变了整个局面。他们通过在捻军统治中心动员百姓来动摇捻军的根基。
曾国藩和李鸿章取得了两项杰出成绩，这也是他们区别于其前任 137
之处：他们不仅将淮北农民从捻军中分离出来，而且还将其组建成一支新的军队，在这支军队中，淮北的农民们开始与他们昔日的首领进行战斗。

随着另一支地方势力——淮军成为淮北的掌控者，如今，漂泊在外的捻军成了挨打者。不过，捻军仍有战斗的能力，且他们发誓将战斗至死。在这些经验丰富的捻军被彻底消灭之前，淮军还须努力增强其军事实力。因此，淮军的质量、领导能力与战略战术水平的提高、对现代化武器与装备的利用，以及充足的资金供应，都应看作是得以最终消灭捻军的重要因素。

1865 年前，捻军成功地在淮北建立起一股地方势力，这使他们取得了淮北地区的霸权。但那一年之后，事情开始往相反的方向发展。曾国藩与李鸿章采用了利用淮北地方力量发展淮军的策略，这使其完成了对该地区的征服，并最终制服了捻军。因此，淮军的胜利标志着一支地方势力对另一支地方势力的胜利。

也正因为这是一支地方势力的获胜，这场起义的平定并不意味着清王朝衰减的权力得到了恢复。相反，清王朝的权力在进一步衰减。可以说，在太平天国之后，地方势力的出现已经是一种普遍的趋势。就军事力量而言，淮军对捻军的胜利直接扩大了前者在华北地区的影响力。我们已经得知，在 1864 年攻陷南京后，曾国藩就着手解散了湘军。但同样的事情并没有发生在 1868 年的淮军身上。在淮军八万将士中，只有三万人被遣撤。[①] 安徽巡抚英翰甚至提出以淮勇代替直隶练军的提议。[②] 都察院左都御史毛昶熙以及与英翰意见相同的左宗棠皆奏称应由淮军杰出将领刘铭传补直隶提督之缺。[③] 英翰为满族人，而左宗棠常常与李鸿章意见相左，因此，在保留淮军的问题上，这些提议者并没有任
138 何私心。在看到直隶练军在 1867—1868 年与捻作战期间所暴露出的软弱无能后，所有人都赞成用一支新军队来取代其以保卫京师。李鸿章拒绝了这项提议，理由是刘铭传“卓荦不羁，何敢从事王公贵人”。[④] 但听到曾国藩由两江调任直隶的消息后，李鸿章改变了主意。他同意刘铭传的铭军，也是淮军中最强的一支，驻扎在黄河与大运河交汇处的张秋。据李鸿章所言，这一改变是为了增强曾国藩在直隶的地位。[⑤] 这件事情告诉我们，决定淮军驻扎地点的是个人利益而不是帝国的利益。[⑥]

一支地方势力对另一支地方势力的胜利是无法消除起义的根源的。曾国藩之所以决定争取淮北农民的支持，是因为他对淮北农民的评价与其前任不同，即他意识到了淮北农民潜在力量的

---

① 周世澄：《淮军平捻记》，卷 11，第 8—9 页。

② 《方略》，卷 317，第 24 页。练军，义指“训练有素的军队”，自 1861 年起首先在直隶创建。直隶当局从京师神机营及绿营军中挑选强壮士兵进行更高强度的训练。（《清朝续文献通考》，卷 217，第 9635 页）

③ 《方略》，卷 319，第 9 页，第 25—27 页。

④ 李鸿章，朋僚函稿，卷 8，第 51—52 页。在给朝廷的答复中，李鸿章只说道北方的气候不适合南方的兵勇，但他在给曾国藩所写的私人信件中透露了真正的原因。

⑤ 同上。

⑥ 关于对李鸿章权力与北洋系后续发展的讨论可见 Spector, *Li Hung-Chang and the Huai-Chün*.

用处。他的决定确实实现了对捻军的镇压。然而,这种对“有用性”的强调使争取人民支持沦为军事上的权宜之计。我们承认,曾国藩有“将安徽人民从乱世浩劫中拯救出来”的美好愿景,[①]但若要他制定出一个可以解决百年来起义问题的新方案,则实在超出了他的想象范围。令人遗憾的是,关于他在淮北圩寨中所做的工作,目前没有详细的记载。但从他当时给委员们的指示中可以得知,他的政策并没有超出孤立起义军首领及加强政府对起义军追随者控制的范畴。本书开篇所列举的那些可能引发起义的条件仍然完好无损。三十年后,义和团(白莲教的另一个分支)在曾经的捻军地区(安徽、山东、江苏及河南交界处)的兴起,强有力地证实了这一点。[②]

---

① 曾国藩:《曾文正公全集》,奏稿,卷 11,第 4 页。

② 《封禁义和拳实录》,第 1 页,收录于《拳乱三种》。

参考书目

1. Chang Chung-Li, *The Chinese Gentry, Studies on Their Role in Nineteenth-Century Chinese Society*, University of Washington Press, Seattle, 1954.

张仲礼:《中国绅士:关于其在十九世纪中国社会中作用的研究》,华盛顿大学出版社,西雅图,1954。

2. 张德坚:《贼情汇纂》,南京,1932。

3. 陈恭禄:《中国近代史》,上海,1936。

4. 朱学勤等纂:《剿平捻匪方略》,收录于《平定七省方略》之中,北京,1875—1907。

5. 刘锦藻纂:《清朝续文献通考》,上海,1936。

6. 赵尔巽纂:《清史稿》,奉天,1937。

7. 周世澄:《淮军平捻记》,上海,1877。

8. 劳乃宣编:《拳乱三种》,1901。

9. 范文澜:《中国近代史》,香港,1949。

10. 平山周:《中国秘密社会史》,上海,1935。

11. 萧一山:《清代通史》,上海,1928—1935。

12. Hsiao Kung-chuan, *Rural China, Imperial Control in the Nineteenth Century*(manuscript in preparation, Modern Chinese His-

tory Project, University of Washington).

萧公权:《中国乡村:论19世纪的帝国控制》,(未刊文,近代中国史项目,华盛顿大学)。

13. 徐珂:《清稗类钞》,上海,1917。

14.《宣宗成皇帝圣训》,1856。

15. 薛福成:《庸庵笔记》,收录于《清代笔记丛刊》,上海。

16. 胡林翼:《胡文忠公全集》,上海,1936。

17. 盛康纂:《皇朝经世文续编》,1897。

18. 贺长龄纂:《皇朝经世文编》,1886。

19. 黄钧宰:《金壶七墨》,收录于《清代笔记丛刊》。

20. Hummel, Arthur W., *Eminent Chinese of the Ch'ing Period*, U. S. Government Printing Office, Washington, D. C., 1944.

恒慕义:《清代名人传略》,美国官方机构政府印刷局,华盛顿 D. C.,1944。

21. 郭廷以:《太平天国史事日志》,上海,1947。

22. 李鸿章:《李文忠公全集》,吴汝纶纂,上海,1921。

23. 李鼎声:《中国近代史》,上海,1948。

24. 罗尔纲:《湘军新志》,香港,1929。

25. Michael, Franz, *Military Organization and Power Structure in Nineteenth Century China*(manuscript in preparation, Modern Chinese History Project, University of Washington).

26. 张廷玉纂:《明史》,上海,1930—1937。

27. 长野朗:《中国的社会组织》,东京,1926。

28. 杜文澜编:《平定粤寇纪略》,1869。

29. 佐野学:《清朝社会史》,东京,1947、1948。

30.《山东军兴纪略》,编者不明,上海,1875—1908。

31. Spector, Stanley, *Li Hung-chang and the Huai-chün*, doctoral disseration, University of Washington, 1953.

32. 末光高义:《中国的秘密结社与慈善结社》,大连,1932。

33. 李鸿章纂:《大清会典事例》,上海,1908。

34.《大清律例汇辑便览》,刑部编,1876。

35. 罗邕,沈旭基编:《太平天国诗文钞》,上海,1934。

36. 陈昌纂:《霆军纪略》,上海,1899。

37. 丁宝桢:《丁文诚公奏稿》,1899。

38. 曹伯韩:《中国现代史读本》,香港,1947。

39. 曾国荃:《曾忠襄公全集》,1903。

40. 曾国藩:《曾文正公全集》,上海,1928。

41. 曾国藩:《曾文正公书札》,南京,1949。

42. 左宗棠:《左文襄公全集》,1897。

43. 左宗棠:《左文襄公书牍》,南京,1945。

44. 王先谦:《东华录》,1899。

45. 王闿运:《湘军志》,成都,1886。

46. 王定安:《求阙斋弟子记》,北京,1876。

47. 王定安:《湘军记》,1889。

48. 魏源:《圣武记》,1842。

49.《文献丛编》,北京故宫博物院月刊,1930—1937。

50. 尹嘉宾:《征剿纪略》,1900。

51. 尹耕云纂:《豫军纪略》,1872。

52. 袁甲三:《袁端敏公集》,收录于丁振铎《项城袁氏家集》,1911。

53. 袁保恒:《袁文诚公集》,收录于《项城袁氏家集》,1911。

地方志

1. 何绍基纂:《安徽通志》,1877。
2. 熊祖贻纂:《滁州志》,1899。
3. 张缙璜纂:《确山县志》,1931。
4. 蒋师彻、孔彰纂:《凤阳府志》,1908。
5. 叶道源纂:《菏泽县志》,1880。
6. 孙灏纂:《河南通志》,1866 年增补,1917 年重印。
7. 施景舜纂:《项城县志》,1911。
8. 北广海纂:《华县志》,1885。
9. 张嘉谋纂:《新修南阳县志》,1899。
10. 刘庠纂:《徐州府志》,1874。
11. 汪宗沂纂:《续修庐州府志》,1885。
12. 黄与绶纂:《续修蒙城县志》,1914。
13.《鄄县乡土志》,1937,编者不详。
14. 杨承禧纂:《湖北通志》,1912。
15. 马佩玖纂:《光州直隶州志》,1886。
16. 蒋师彻纂:《光绪鹿邑县志》,1896。
17. 羊复礼纂:《广西通志辑要》,1889。
18. 袁登云纂:《亳州志》,1894。
19. 王轩等纂:《山西通志》,1892。
20. 孙葆田纂:《山东通志》,1915。
21. 葛阴南、孙恩诒纂:《寿州志》,1890。
22. 丁逊之纂:《宿州志》,1889。
23. 蒋玉虹纂:《天津县志》,1870。
24. 王佩箴纂:《涡阳风土记》,1924。
25. 孟广来纂:《永城县志》,1884。

参考书目注

截至目前,笔者暂未发现任何由捻军自己书写的记录。太平天国给我们留下了诏令、公告、通信函件以及个人自述等文字材料,而捻军却没有留下任何内容。与太平天国相比,捻军在政治上较不成熟,并没有在军事及行政创新上投入大的精力,这也被认为是捻军相关资料缺乏的主要原因。当然,我们不排除捻军各股间及各旗间存在书面联络。然而,由于捻军统治区域几乎完全在淮北的农村地区,因此这些书面文件并不会传播太远,也往往不为外人所知,同时外人也很难进入捻军统治区域以了解捻军的情况。最后,太平天国的地盘延伸到了沿海地区,与外国人保有一定的联系,因此,后者记叙了大量关于太平天国的内容。在有关太平天国的档案被作为胜利方的官员或有意或无意地销毁后,这些由外国人保存的文件就显得格外珍贵了。事实上,近期学者的许多研究成果都源自伦敦、剑桥、巴黎的藏品。但捻军并没有相同的运气。

于是,官方或半官方的材料就成为我们的主要文献来源。使用官方文献并不是一件令人愉快的事。它们几乎都只关心战争的细节。只有通过细读字里行间的内容,并结合其他类似来源的资料细细爬梳,才能间接得到关于捻军组织的一些线索。

《剿平捻匪方略》可以说是专门记述捻军相关内容的官方全集。早在 18 世纪,乾隆皇帝就设立了方略馆,这是一个负责纂修有关清帝国军事行动图书的机构,其目的是让更多人了解清王朝在军事上的胜利。编纂者往往先择定一军事事件,然后围绕该军事行动抄录大臣官员给皇帝的奏疏及朝廷上谕。《剿平捻匪方略》也采用了相同的模式。该书成书于 1872 年,即与捻作战结束的四年之后。同治皇帝在序言中说明了编纂该书的缘由,他希望纪念并展示他父亲的军事功绩,以待皇家后辈加以效仿。在一本动机如此强烈的书中,夸大与隐瞒是不可避免的。就奏折本身而言,官员们通常在汇报事实时会有一定程度的保留,甚至偶尔编造情节。在某些情况下,编纂者会看似遗漏,实则刻意删除奏议中的一些重要内容。

然而,在官方材料方面,没有比《剿平捻匪方略》更完整的原始资料了。该书中记载了很多不显赫的官员,他们的为官经历本不会被单独搜集成书,《剿平捻匪方略》是唯一一部整理并保留了他们事迹的书籍,这是其尤为珍贵之处。对于真相而言,夸张与隐瞒并非不可克服的障碍。通过谨慎的阅读以及对矛盾说法的推敲,我们还是可以挖掘出隐藏在字里行间的真实景象。此外,政见不同的官员的指控以及御史的弹劾都是非常有用的材料,可以用来检验不同的说法。

许多基于官方文件的叙事是以不同的形式呈现的。尹耕云总纂的《豫军纪略》没有大量堆砌奏折及诏书,而是将材料以时间为序进行书写。随着捻军被镇压,河南巡抚李鹤年为庆祝他任期内的胜利,命下属利用该省所存之档案,如奏折、信函、公告等,对该事件进行详细叙述。由于河南是捻军主要的进攻目标,因此该书十二卷中有七卷都与捻军相关。真实的官方文件是该书的主要资料来源，巡抚李鹤年编纂这部书同样是出于展示其军功的愿望，因此《剿平捻匪方略》中存在的问题也同样地存在于《豫军纪略》之中。然而，后者的编纂者把介绍捻军从兴起到陨落的整个过程作为他们的书写目标，因此他们毫不犹豫地承认了捻军得以取得优势地位的长处，也不留情面地批评了历任巡抚及其他政府官员。从这些自我批判中，读者很容易勾勒出接近事实真相的画面。

《山东军兴纪略》是一部相同模式的著作，它记载了在山东发生的战斗。1857 年之后，山东像河南一般承受了捻军的主要攻击。在《山东军兴纪略》的二十二卷之中，与捻军相关的有七卷。其余各卷内容涉及山东的“教匪、幅匪、土匪以及团匪”，这些内容对于确定捻军在山东的活动以及他们与其他起义团体的关系至关重要。对“教匪”组织的描述为我们了解捻军组织提供了很大的帮助。关于“团匪”及“降众”的内容充分揭示了政府官员与地方力量间的斗争，以及各地方武装之间的争斗。

《湘军志》《湘军记》《求阙斋弟子记》这三部著作都试图为我们呈现湘军的全貌。这三部书是按照主题来安排内容的，根据各种战役及远征来划分。《湘军志》以湖南防守太平天国为始，以平捻为终，并附营制及筹饷两篇。第九篇及第十四篇特别涉及捻军的内容。作为政府官员以及曾国藩的同僚之一，作者王闿运很难摆脱其偏见。尽管如此，他也并不总是为湘军辩护。他并没有掩盖 1865 年前派往淮河舞台的湘军的弱点。

《湘军记》基本记录了同样的事件，但该书提供了更多的细节。第七卷与第十六卷分别涉及苗沛霖与捻军的内容。作者王定安曾是曾国藩的幕僚，并与曾氏兄弟有长达二十多年的私交。在王定安被选定作此书时，他很自豪可以用自己的目击经历、与上层将领们的私交以及参与者提供的第一手资料来对官方文件进行补充。为谨慎起见,他排除了无法核实的传闻。他还倾向于将他的书称为“野史”,即非官方的、以待进一步调查的历史。尽管作者宣称其拥有丰富的材料,但我并没有在该书中发现《方略》及其他奏议文集以外的或者与它们不同的内容,至少在涉及捻军的两卷中是如此。

《求阙斋弟子记》是以曾国藩传记的形式出现的,该书强调了他的军事生涯。实际上,它是一部曾国藩言行的摘录集,按照时间顺序排列于各个主题之下。作者王定安(亦是《湘军志》的作者)与曾国藩是师徒关系,显然,王定安编纂此书的目的是展示其师的军事成就。与《湘军记》《湘军志》不同,该书内容仅限于有关曾国藩的记录,也就是说,它是为了纪念一个人而非一支军队。虽然它涵盖的内容较窄,但这并不意味着它提供的信息也较少。前两部书仅粗略描绘了曾国藩在北方的作战,而后一部则详细描述了曾国藩在行政上及军事上的安排。

然而,1865 年后,捻军面对的主要军事力量是淮军。《淮军平捻记》涵盖了淮军与捻军作战的完整故事,该书对本书的贡献远超过前述有关湘军的著作。该书以 1865 年淮军北调为开端,以 1868 年镇压西捻军为结尾,书末还补充了附记两卷,记述淮军军制、军饷、军储情况。作者周世澄是李鸿章之侄,他编纂此书的目的与王定安类似,也就是说,他纂修此书的目的是延续其叔叔的军事名望。但是,该书的价值并不在于作者与李鸿章的亲属关系。周世澄是李鸿章军中的一员,在这里,他得以接触到许多原始资料,并在其著作中充分利用了这些资料。除了按时间顺序记录的各场战斗外,附录中的军制、军饷及军储部分格外重要。它们在读者进一步查阅详细资料前先为其提供了浓缩的图景。

如果说上述所列著作在原始文献的基础上为我们提供了按照时间顺序发展的叙述，那么主要参与者的个人“全集”则本身就构成了原始文献。袁甲三的《袁端敏公集》及袁保恒的《袁文诚公集》收录于《项城袁氏家集》中，这是一部记录袁氏家族的著作集。编纂者丁振铎与袁甲三父子相识，并曾于19世纪50年代末在袁甲三邻地领导过一支地方团练。他应袁甲三之孙的要求编纂了此书。作为捻军运动的参与者之一，编者认为他有资格且有义务出版其家乡杰出人物的文集来纪念他们的功绩。

《袁端敏公集》中收录有袁甲三呈给朝廷的奏议以及函牍。除第一卷外，有十九卷的奏议都与捻军有关。这份对捻军的重视是其他参与捻军事务的主要官员的集子所无法比拟的。函牍与奏议具有同样的重要性，因为它们体现了袁甲三的私人观点，而这些观点往往不会呈现在奏折这样的官方文件中。不过，其中一些描述战斗的信件也只是对奏折的重复。

在吕贤基受皇帝命令总理安徽团练时，他在皇帝的准许下携带了两名助手，分别是袁甲三与李鸿章，二者皆是淮北人。从那时起，此二人在前线的地位越来越高。如果将捻军起义分为两个时期，那么袁甲三和李鸿章各自涵盖了其中之一。因此，将袁甲三与李鸿章的集子结合在一起，就几乎覆盖了整个捻军的内容。收录李鸿章作品的集子为《李文忠公全集》，包括奏稿、朋僚函稿、电稿等内容。本书只利用了1865年至1868年的奏议与朋僚函稿。除将该集中收录的奏折与《剿平捻匪方略》中所选的奏折一一比对阅读外，笔者格外重视其私人信件。在这些函件中，李鸿章更坦率地表达了他的想法。因此，信件中传达的观点有助于澄清与修正奏折中拐弯抹角甚至是欺骗性的陈述。

《李文忠公全集》的编纂者吴汝纶，是晚清时期著名的文学家。在他于李鸿章处担任幕僚时,不仅帮李鸿章起草了大部分的奏折,而且还在政治决策中提供了诸多建议。因此,对吴汝纶而言,编订李鸿章的奏折就像编订自己的作品一般。

从1862年袁甲三卸任到1866年李鸿章上任,曾国藩填补了二者之间总指挥的空白。尽管这段时间很短暂,但曾国藩采取的措施决定了与捻作战的结果。在与捻军相关的主要材料中,曾国藩《曾文正公全集》的重要性不亚于袁甲三与李鸿章全集。《曾文正公全集》包括十五部分,含有奏稿、文集与诗集、官方与私人函件、日记以及年谱等内容。其中,对本书用处最大的是奏稿、书信以及年谱。在他对下级来文的批复及私人信件中,曾国藩常常会像长辈教导自己的孩子或弟弟一般教导他的属下。因此,这些批牍不仅揭示了曾国藩的政策、观察以及信念,还披露了他的个人性格。

在李鸿章的兄长李瀚章完成该文集的编纂后,李鸿章对其进行了校对整理。李氏兄弟尊曾国藩为师,认为完成这项工作是他们作为学生的职责之一。

还有一部单独收录曾国藩书信的集子,名为《曾文正公书札》。相比全集中的相关部分,《曾文正公书札》印刷优良,更易于阅读。

笔者大量使用的第三类史料为地方志。地方志是一地历史与政治地理情况的结合。它的起源可以追溯到公元3世纪。在清朝,学者们极其重视地方志的编订,省、府、县、地区甚至一些村庄都有自己的地方志。由于编写地方志的目的主要是为地方行政人员提供参考,因此它包含了不同的主题,如地形、疆域、大事记、经济情况、风俗、教育、艺文、人物等等。其价值在于该地学者收录的同时期的当地资料。当然,由于地方志的编纂工作被士绅——一个特权阶级——所垄断，因此存在着缺乏客观性与偏向政府一方的问题，特别是在有关起义的叙事当中。

在省一级地方志中，笔者期待从《安徽通志》《山东通志》《河南通志》《江南通志》中获得第一手史料。不过，《江南通志》编纂于起义之前，在捻军起义之后并没有进行修订。《河南通志》对军事事务关注较少，《山东通志》在呈现捻军内容上也贡献不大，因为它或多或少地复制了《山东军兴纪略》的内容。于是，《安徽通志》成为唯一的资料来源。在安徽进行了十年的战争毁坏了大量有关政治地理的记录。在起义被镇压后，巡抚认为亟需修订一部新的省志。他们对这场动乱仍然记忆犹新，且认为这是安徽历史上发生的极其重要的事件，因此，巡抚命编纂者强调军事事件与忠杰之人。于是，在新版的《安徽通志》中，编者用九卷的篇幅介绍了19世纪50年代兴起的起义运动，并对忠杰人物进行了特别的强调。所以，《安徽通志》虽然只包含一省之内容，但并没有让人失望。《山东军兴纪略》与《豫军纪略》向我们展示了捻军在山东与河南的活动，《安徽通志》在这方面的详细记录使其足以与前两部作品相媲美。

除省志外，笔者还利用了安徽以及其他相邻省份府县级以下的相关地方志。这一类地方志的学术价值可能没有省级地方志高，但就材料而言，它们更为朴实，也更接近事实，因为其内容是直接在当地搜集并编写而成的。

在这里，笔者想概括地提一下捻军核心地区的一些地方志。《涡阳风土记》是大捻首张乐行家乡的地方志，在它的帮助下，笔者了解了张乐行的家族背景以及捻军在起义前夕所进行的一系列活动。特别是由于官方文件很少记录非军事方面的涉及捻军的内容，这些分散在捻军区域的地方志中的零星碎片为我们提供了事件全貌的轮廓。通过捻军自己的文字记载来了解捻军是无法实现的,因此,对我们来说,不管它们对全貌的影响是多么微弱,这些地方志中的碎片都格外珍贵。除《涡阳风土记》外,亳州、蒙城、永城以及宿州的相关地方志也以同样的方式为笔者提供了帮助。

索　　引

本索引所标页码为英文版页码，即中译本页边码

译后记

终于到为这本译著写译后记的时候了。实话说，虽然翻译本书于我而言耗费了不少心力，但看着准备寄给出版社的书稿，内心仍忐忑不安。译稿能否准确地反映出蒋相泽先生的思想？文字表述与术语表达是否准确？这些问题虽然在翻译过程中我曾反复思考，但时至今日仍觉多有不足之处。回想翻译此稿的数个日夜，其间也曾因力有不逮而心生退缩之意，但幸而在师友的鼓励下坚持了下来。在本书即将付梓之际，特向在翻译期间提供过帮助的师友表达感谢。

捻军起义于多数人而言并不是一个陌生的故事。作为史学界“五朵金花”之一，农民战争问题曾获得极大的关注，捻军自然也在研究对象之列。无论是史料汇编，抑或是相关学术著作及研究，学界对捻军相关内容的整理不可谓不丰富。不过，在晚清迭出不穷的农民起义中，捻军起义的关注度并不算高，特别是在与其同时期的太平天国起义的衬托之下。相比太平天国，捻军在规模、制度、影响力上都不及前者，但就是这样一支队伍，在中国的中心搅起风云，被一些清政府官员认为比太平天国更难对付。蒋相泽先生的这部作品，便将我们带回到 19 世纪中叶风云变幻的淮北舞台。

《捻军起义》这本书是中国人写的中国故事，因此，尽管原文与译文分属两大语言体系，但好在思维方式与逻辑方面尚不存在大的分歧。蒋相泽先生笔触细腻，求证严谨，对与捻军相关的资料都如数家珍，信手拈来。虽然捻军自身没有留下相关文字资料，但在多方史料的比对中，作者依旧为我们勾勒出一幅生动、清晰的历史画卷。于我而言，翻译的过程亦是学习的过程，书中的观点和故事总能引发深思，使我受益匪浅。说来惭愧，翻译过程中困扰我最深的竟然是书中采用的威妥玛拼音。书中涉及大量的人名、地名等专有名词，为力求准确，译者皆与史料再三核对，尽量避免因注音法导致的基本错误。因个人学识、见闻有限，译文舛误疏漏之处想必不少，于此，敬请各位方家批评指正。

译者
2022 年 5 月

［李慧敏(1991 年 11 月—　)，女，山西太原人。中国人民大学历史学院中国近代史专业博士研究生，主要从事中国近现代社会史研究］